맹자

선한 본성을 향한 특별한 열정

청소년 철학창고 09

맹자 선한 본성을 향한 특별한 열정

초판 1쇄 발행 2006년 2월 10일 | 초판 9쇄 발행 2021년 12월 30일

풀어쓴이 김선희
펴낸이 홍석 | 이사 홍성우 | 기획 채희석
인문편집팀장 박월 | 편집 박주혜 | 표지 디자인 황종환 | 본문 디자인 서은경
마케팅 이송희·한유리·이민재 | 관리 최우리·김정선·정원경·홍보람·조영행
펴낸곳 도서출판 풀빛 | 등록 1979년 3월 6일 제2021-000055호
주소 07547 서울시 강서구 양천로 583 우림블루나인 A동 21층 2110호
전화 02-363-5995(영업), 02-364-0844(편집) | 팩스 070-4275-0445
홈페이지 www.pulbit.co.kr | 전자우편 inmun@pulbit.co.kr

ISBN 978-89-7474-535-6 44150
ISBN 978-89-7474-526-4 (세트)

이 도서의 국립중앙도서관 출판예정도서목록(CIP)은 서지정보유통지원시스템 홈페이지(http://seoji.nl.go.kr)와
국가자료공동목록시스템(http://www.nl.go.kr/kolisnet)에서 이용하실 수 있습니다. (CIP제어번호: CIP2006000147)

맹자

선한 본성을 향한 특별한 열정

맹자 지음 | 김선희 풀어씀

'청소년 철학창고'를 펴내며

우리 청소년이 읽을 만한 좋은 책은 없을까? 많은 분들이 이런 고민을 하셨을 겁니다. 그러면서 흔히들 고전을 읽어야 한다고 합니다. 하지만 서점에 가서 책을 골라 보신 분들은 느꼈을 겁니다. '청소년의 지적 수준에 맞춰서 읽힐 만한 고전이 이렇게도 없는가.'라고.

고전 선택의 또 다른 어려움은 고전의 범위가 매우 넓다는 것입니다. 청소년 시기에는 시간과 능력의 한계 때문에 그 많은 고전들을 모두 읽을 수 없습니다. 그렇다면 어떤 책을 읽어야 할까요?

이런 여러 현실적인 어려움을 고려해 기획한 것이 풀빛 '청소년 철학창고' 입니다. '청소년 철학창고'는 고전의 핵심이라 할 수 있는 '철학'에 더 많은 무게를 실었습니다. 그 이유는 무엇일까요?

사람들은 일반적으로 철학을 현실과 동떨어진 공리공담이나 펼치는 학문이라고 생각합니다. 하지만 철학적 사고의 핵심은 사물과 현상을 다양하게 분석하고 종합해서 그 원칙이나 원리를 찾아내는 것입니다. 그래서 철학은 인간과 세상에 대해 깊이 있게 생각하고, 논리적으로 종합하는 능력을 키워 줍니다. 그런 만큼 세상과 인간에 대해 눈떠 가는 청소년 시기에 정말로 필요한 공부입니다.

하지만 모든 고전이 그렇듯이 철학 고전 또한 읽기가 쉽지 않습니다. 그래서 '청소년 철학창고'는 청소년의 눈높이에 맞추기 위해 선정에서부터 원문 구성에 이르기까지 많은 노력을 기울였습니다.

첫째, 책을 선정하는 과정에서부터 엄격함을 유지했습니다. 동양·서양·한국 철학 전공자들이 많은 회의 과정을 거쳐, 각 시대마다 동서양과 한국을 대표하는 철학 고전들을 엄선했습니다. 특히 우리 선조들의 사상과 동시대 동서양의 사상들을 주체적인 입장에서 비교하고 검토할 수 있도록 했습니다.

둘째, 고전 읽기의 참다운 맛을 살리기 위해 최대한 원문을 중심으로 구성했습니다. 물론 원문 읽기의 어려움을 해결하기 위해 새롭게 번역하고 재정리했습니다. 그리고 청소년이라면 누구나 어렵지 않게 읽으면서 고전이 주는 의미와 내용을 이해할 수 있도록 설명을 덧붙였고, 전체 해설을 통해 저자의 사상과 전체 내용을 다시 한번 정리해 주었습니다.

마지막으로 쉬운 것부터 읽기 시작해 점차 사고의 폭을 넓혀 가도록 난이도에 따라 세 단계로 구분했습니다. 물론 단계와 상관없이 읽고 싶은 순서대로 읽어도 됩니다.

우리 선정위원들은 고전 읽기의 진정한 의미가 '옛것을 되살려 오늘을 새롭게 한다(溫故知新).'는 데 있다고 생각합니다. '청소년 철학창고'를 통해 자라나는 청소년들이 인간과 사물에 대한 깊은 통찰력을 키워, 밝은 미래를 열어 나갈 수 있기를 진정으로 바랍니다.

2005년 2월

선정위원   허우성(경희대 교수, 동양 철학)   윤찬원(인천대 교수, 동양 철학)
            정영근(서울산업대 교수, 한국 철학)   허남진(서울대 교수, 한국 철학)
            이남인(서울대 교수, 서양 철학)   한자경(이화여대 교수, 서양 철학)

들어가는 말

　고전은 아주 오래된 책, 오래되었음에도 오늘날까지 읽히는 책입니다. 수천 년 전의 세계를 담고 있는, 그래서 낡고 낡은 고전의 말들이 왜 아직도 우리 곁을 떠나지 않는 것일까요? 그것은 사람과 사회에 대한 시대를 뛰어넘는 성찰과 반성이 이 오래되고 낡은 말들에 담겨 있기 때문입니다. 깊이 있는 성찰과 반성은 시대도 뛰어넘고 동서양도 뛰어넘기에 우리는 아직도 공자의 《논어》를 읽고 플라톤의 《국가》를 읽는 것입니다.

　《맹자》도 우리가 읽어야 할 책 가운데 하나입니다. 고대 동아시아의 정치, 사회, 경제 구조가 크게 변화하던 시대에 태어난 맹자는 혼란한 사회 현실을 보면서 나라와 나라 사이의 올바른 관계, 나라를 이끄는 올바른 경제와 사회 제도에 대해 당시 권력자들과 깊이 있는 논의를 했습니다. 맹자가 제시한 방법들은 이후 중국뿐 아니라 우리나라에서도 국가 경영과 사회 발전을 이끌어 가는 큰 기준이자 원칙이 되었습니다.

　맹자의 철학이 이러한 위치에 설 수 있었던 진정한 이유는 맹자 철학의 깊이와 그 의미에 있습니다. 맹자는 단순한 정치 철학이나 경제 이론을 설명한 학자가 아닙니다. 그의 철학에는 인간의 본성과 올바른 도리에 대한 끊임없는 고민이 담겨 있습니다. 맹자는 인간이 우주와 같은 근원을 지닌 존재로서 자신의 인격을 도덕적인 방향으로 다듬어 나갈 때 진정한 본분을 다하게 되고, 그렇게 될 때에만 사회와 국가가 발전한다고 주장했습니다. 시대를 움직여 가는 것은 권력이 아니라 하늘의 도덕적 가치를 마음으로 익히고 몸으로 실천하는 사람들이라고 믿었기 때문입니다.

이후 《맹자》는 언제나 새로운 변화와 개혁을 모색하던 시기에, 사회 혼란과 정신적 공백이 있던 시기에 많은 학자들에게 정신적인 기둥이 되었습니다. 불교의 영향으로 유학이 쇠퇴하던 송나라에서 성리학자들이 꺼내 든 책도, 백성들의 삶이 피폐한데도 이념 투쟁만 일삼던 조선 후기에 새로운 사회와 질서를 찾기 위해 정약용이 꺼내 든 책도 바로 《맹자》였습니다.

도덕적 가치와 정치의 관계, 인간과 우주 만물과의 관계에 대한 맹자의 성찰에는 시대와 장소를 뛰어넘는 보편 가치가 담겨 있습니다. 성선설에 바탕을 둔 인간 본성에 대한 신뢰와 도덕적 사회에 대한 신념은 사회가 혼란하고 어려워질 때마다 학자들로 하여금 《맹자》를 펼치게 한 바탕입니다.

그러나 사실 우리들은 오랫동안 《맹자》를 포함하여 동양의 정신과 사상에 대해 지나치게 무관심했습니다. 과학 기술과 인문학 가운데 인문학을 더 무능한 것으로, 서양과 동양 가운데 동양의 학문을 더 뒤떨어진 것으로 생각했기 때문입니다. 그러므로 잘못된 서구 중심주의, 과학 중심주의에서 벗어날 때 우리는 맹자를 비롯한 동양 철학자들이 제시한 여러 가지 해답들을 들을 수 있을 것입니다. 《맹자》에 담긴 동아시아 철학의 오래고도 신선한 목소리를 들으려 하지 않는다면, 우리는 주체성과 방향 감각을 잃을지도 모릅니다. 따라서 《맹자》를 읽는 일은 잃어버린 과거의 나, 그리고 앞으로 올 미래의 나를 찾아가는 아주 즐거운 여행이 될 것입니다.

2006년 2월
김선희

전국 시대 국가들(기원전 403년~221년)

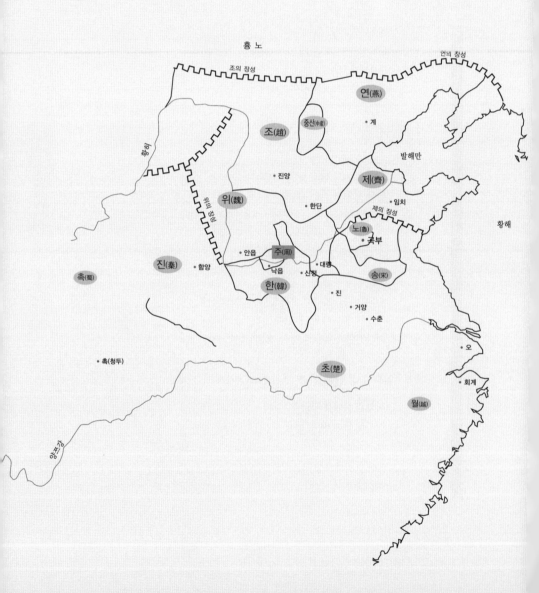

흉 노

조의 장성

연(燕)

중산(中山)

계

조(趙)

진양

발해만

위(魏)

한단

제(齊)

임치

제의 장성

황하

노(魯)

곡부

황해

진(秦)

함양

안읍

주(周)

낙읍

산정

대량

위의 장성

촉(蜀)

송(宋)

한(韓)

진

거양

수춘

촉(청두)

오

초(楚)

회계

월(越)

양쯔강

고대 중국의 성인(聖人) 계보

요(堯)임금 ┐
순(舜)임금 ┘ 전설상의 시대인 오제(五帝) 시대의 임금들로 덕치를 행하여 태평성대를 이룬 대표적인 인물로 꼽힘.

우왕(禹王) ── 하(夏)나라(기원전 22세기경)의 창시자.

탕왕(湯王) ── 은(殷)나라(기원전 18세기경)의 창시자. 하나라 폭군 걸을 물리치고 은나라를 세움.

문왕(文王) ┐
무왕(武王) ┤ 주(周)나라(기원전 12세기경) 때의 성인들. 문왕 때 주나라의 기틀을 마련하고, 무왕 때 은나라 폭군 주를 몰아내고 주나라를 세움. 주공은 무왕의 동생으로 무왕의 아들 성왕을 도와 태평성대를 이룸.
주공(周公) ┘

공자(孔子) ┐
맹자(孟子) ┘ 제후들의 세력이 강화된 춘추 전국(春秋戰國) 시대(기원전 8세기~3세기)에 공자는 유학 사상의 창시자로 제후들을 찾아다니며 유세하였고, 맹자 또한 공자의 사상을 이어받아 여러 제후들을 찾아다니며 유세하였음.

| 일러두기 |

1. 이 책은 주자의 《맹자집주(孟子集注)》를 기본 텍스트로 하고, 전통문화연구회
   에서 펴낸 《맹자집주》(성백효 역주, 1991)를 참고하였다.
2. 이 책은 《맹자》에서 핵심 주제를 정한 다음, 주제별로 그에 맞는 원문을 뽑아
   해설하는 방식으로 구성하였다.
3. 어려운 원문은 이해를 돕기 위해 최대한 쉽게 풀어썼으며, 경우에 따라서는
   원문에 없는 내용을 넣기도 했다. 예를 들어 '맹분'을 '위나라 용사 맹분'과 같
   이 쓴 경우다.
4. 각 장의 제목과 본문 각주는 이해를 돕기 위해 필자가 붙인 것이다.
5. 한자 원문은 책 뒤에 보충 자료로 실었다.

1부 어진 정치가 천하를 구한다

– 맹자의 정치론

동서양의 많은 사상가들이 어떻게 하면 올바르게 사회를 이끌어 나갈 것인지를 물었다. 맹자도 그 가운데 한 사람이다. 맹자는 중국 주(周)나라 후기 제후국 사이의 전쟁이 끊이지 않던 전국 시대에 활동했던 학자다. 시대가 혼란했기 때문에 많은 선비들이 자신의 생각과 주장을 알리기 위해 제후들을 찾아다니던 때이기도 했다. 이들을 제자백가(諸子百家)라고 부른다. 그 가운데 맹자는 공자(孔子)의 사상을 받드는 유가(儒家)의 계승자였다. 유가는 인의(仁義)를 바탕으로 올바른 정치를 펴야 한다고 주장한 사상이다.

이런 유가 사상을 바탕으로 한 맹자의 정치론을 한마디로 요약하면 왕도(王道) 정치, 즉 '어진 임금에 의한 어진 정치'라고 말할 수 있다. 대립을 누그러뜨리고 갈등을 풀기 위해 사회 구성원들이 서로에게 도덕적인 책임을 느끼고 서로를 아껴야 바른 정치가 이루어진다는 것이다. 맹자는 특히 나라를 이끌어 갈 권력자들, 제후와 선비들에게 이런 마음가짐을 요구했다.

맹자가 살았던 당시는 국가 사이에 국제법도, 국제기구도 없이 오로지 힘만이 지배하던 시대였다. 힘을 가진 권력자들이 백성을 전쟁에 동원해 자기 이익을 추구하던 무한 경쟁의 사회에서, 맹자는 권력자들에게 백성들이 살아갈 수 있는 삶의 기반을 마련하라고 강조하는 한편, 백성을 아끼고 사랑하는 정치를 펴나가라고 주장했다.

1. 맹자가 만난 왕들

임금이 어질어야 천하가 바르게 된다

맹자께서 양(梁)나라 양왕(襄王)을 만나 보시고, 나와서 사람들에게 말씀하셨다.

"그를 바라보니 임금 같지가 않고, 곁에 가까이 가 보아도 두려워할 데가 보이지 않았습니다. 그런데 임금이 갑자기 묻기를 '천하는 어떤 상태로 정해질 것 같습니까?' 하더군요. '하나로 통일될 것입니다.'라고 대답했습니다.

또 '누가 천하를 하나로 통일할 수 있겠습니까?'라고 묻기에 '사람 죽이기를 즐기지 않는 사람이 통일할 수 있을 것입니다.'라고 대답했습니다.

'어떤 사람이 이를 따르겠습니까?'라고 물으시기에 다음과 같이 대답했습니다. '천하에 따르지 않을 사람이 없을 것입니다. 왕께서도 새싹에 대해 아시겠지요. 초여름에 날이 가물면 싹은 마르게 됩니다. 그러나 하늘에 뭉게뭉게 구름이 일어나 시원스레 비가 내리면 싹은 힘차게 올라옵니다. 이렇게 되면 누가 이것을 막을 수 있겠습니까? 지금 천하의 임금들 가운데는 사람 죽이기를 즐기지 않는 사람이 없습니다. 만일 사람 죽이기를 즐기지 않는 사람이 있다면 천하의 백성들이 모두 목을 길게 빼고 그를 우러러볼 것입니다. 진실로 이렇게만 된다면 백성들은 물이 아래로 흐르는 것과 같이 그 임금에게로 향할 것입니다. 누가 그것을 막을 수 있겠습니까?'"

〈양혜왕(梁惠王) 상(上) 6〉

맹자가 살던 당시 큰 제후국 가운데 하나이던 양나라 혜왕(惠王)의 아들 양왕이 맹자에게 천하가 어떻게 될 것인지에 대해 묻는다. 왕의 자질이 부족해 보였던 양왕에게 맹자는 '사람 죽이기를 즐기지 않는 사람이 천하를 통일할 수 있다.'고 조금 엉뚱한 대답을 한다. 천하는 결국 하나로 통일되겠지만, 그럴 수 있는 힘은 강한 군사력도, 튼튼한 재정도 아닌 바로 '생명을 존중하는 임금의 마음'이라고 답한 셈이다. 양왕과의 짧은 대화에서 우리는 맹자가 살았던 시대와 맹자의 활동 방식, 맹자 철학의 핵심 등 많은 것을 짐작해 볼 수 있다.

《맹자》에는 당시 패권을 가졌던 여러 왕들과의 대화가 많이 나온다. 그들은 한결같이 나라가 부강해지는 방법, 다른 나라와 싸워서 이기는 방법에 대해 묻는다. 우리가 같이 읽을 《맹자》의 첫 장도 맹자와 양나라 혜왕 사이의 대화로 시작한다. 맹자는 평생 여러 나라를 돌아다니면서 권력자들에게 정치와 인간 본성에 대한 자신의 신념을 주장했다.

맹자가 이렇듯 여러 왕들에게 정치에 관한 조언을 했던 것은 권력자가 어떻게 정치를 하느냐에 따라 세상이 달라진다고 생각했기 때문이다. 윗사람, 즉 왕이나 공(公), 경(卿), 대부(大夫)가 먼저 올바르게 실천하고, 조정이 먼저 올바른 도리를 지켜야 사회가 유지될 수 있다고 보았던 것이다.

위에서 올바른 도리를 헤아리지 않으면 아랫사람들은 법을 지키지 않는다. 조정이 올바른 도리를 믿지 않으면 관원이 법도를 믿지 않을 것이고, 군자가 의를 지키지 않을 것이고, 소인이 죄을 지을 것이다. 온 나라가 이러한데도 나라가 유지된다면, 그것은 요행에 지나지 않는다.

〈이루(離婁) 상 1〉

오직 큰 덕을 가진 자라야 임금의 마음에 있는 잘못을 바로 잡을 수 있다. 임금이 어질면 세상 사람들 가운데 어질지 않은 이가 없을 것이요, 임금이 의로우면 세상 사람들 가운데 의롭지 않은 이가 없을 것이며, 임금이 바르면 세상 사람들 가운데 바르지 않은 이가 없을 것이다. 임금을 올바르게 한다면 나라 전체가 안정될 것이다.

〈이루(離婁) 상 20〉

한 사회가 유지되기 위해서는 먼저 나라의 기강이 바로 서야 한다. 나라를 바로 세우기 위해서는 나라를 움직이는 임금의 마음을 바로 잡아야 한다. 당시에 이렇게 생각한 사람은 맹자만이 아니었다. 그러나 학자마다 무엇을 어떻게 바로잡을지에 대해서는 다르게 대답했다.

맹자는 임금이 따라야 할 기준이 어진 마음과 의로운 마음, 즉 인의(仁義)라고 대답한다. 어질고 의로운 마음은 주변으로 퍼져 나가는 속성이 있기 때문에, 임금이 어질면 세상 모든 사람들이 어질게 된다. 반대로 임금이 어질지 못하면 세상 사람들도 제멋대로 살게 되고 도리에서 벗어나게 되기 쉽다. 사회 질서를 바로잡고 국가의 기강을 세우기 위해서는 누구보다도 임금을 바로잡아 어진 길로 이끌어야 한다.

이는 앞에서 보았던 양왕과의 대화와도 연결된다. 맹자는 양왕에게 생명을 존중할 줄 아는 사람만이 천하를 하나로 통일할 수 있다고 말했다. 백성들을 동원해 전쟁을 일으켜서 영토를 넓히려 하는 무한 경쟁 시대를 올바르게 통일할 힘은 오직 백성의 생명을 존중하는 마음에서 나온다.

맹자는 이런 신념을 바탕으로 오랜 세월 동안 여러 나라의 왕들을 만나 자신이 생각하는 이상 정치에 대해 설명했다. 그러나 이런 맹자의 시도가 언제나 성공했던 것은 아니다.

맹자께서 제(齊)나라를 떠나자 윤사(尹士)라는 제나라 사람이 사람들에게 말했다. "제나라 왕이 탕왕(湯王)이나 무왕(武王) 같은 훌륭한 임금이 될 수 없다는 것을 모르는 상태에서 왕에게 조언을 했다면, 이는 맹자가 현명하지 못한 것입니다. 또 지금의 왕이 성군(聖君)이 될 수 없음을 알면서도 제나라까지 왔다면, 이것은 벼슬이나 녹봉을 구하려 한 것입니다. 천리 길을 와서 왕을 만났지만 뜻이 맞지 않아 떠나가면서 사흘이나 국경에서 머물렀으니, 어째서 이렇게 머무른 것일까요? 나는 그것이 불쾌합니다."

맹자의 제자인 고자(高子)[1]가 맹자에게 이를 전했더니, 맹자께서 말씀하셨다. "윤사가 어떻게 나를 알겠는가? 천리나 되는 먼 길을 와서 왕을 만나 보려고 한 것은 내가 바라던 바지만, 뜻이 맞지 않아 떠나가는 것은 내가 바라던 바가 아니다. 어쩔 수 없어서 떠나는 것이다. 사흘을 묵고 제나라를 떠났지만 내 마음에는 오히려 빨랐다고 생각한다. 나는 왕이 생각을 바꾸어 나를 다시 부르기를 바랐다. 왕이 만일 생각을 바꾸었다면 나를 다시 부르셨을 것이다.

국경을 벗어나는데도 왕이 나를 따라오지 않았기 때문에 시원섭섭했지만, 그만 돌아가려고 마음먹은 것이다. 그렇다고는 해도 내가 어찌 그가 훌륭한 임금이 되기를 바라는 마음을 버렸겠느냐? 제

---

1) 여기서 고자는 맹자와 인성 문제에 대해 논쟁했던 고자(告子)와는 다른 인물로 맹자의 제자다.

나라 왕에게는 아직도 훌륭한 정치를 할 수 있는 자질이 있다. 왕이 만일 나를 등용한다면 제나라 백성만 편안하겠느냐? 온 천하의 백성이 다 편안해질 것이다. 왕이 생각을 바꾸어서 어진 정치를 실현하기 위해 나를 쓰시기를 날마다 바라고 있다."

〈공손추(公孫丑) 하(下) 12〉

윤사는 고대의 훌륭한 임금들을 예로 들면서 제나라에서 맹자가 한 활동을 비난한다. 탕왕은 하(夏)나라의 마지막 왕인 폭군 걸(桀)을 몰아내고 은(殷)나라를 세운 임금이다. 탕왕은 포악한 정치로 백성들을 괴롭히던 하나라의 폭군 걸을 물리치고 이윤(伊尹) 같은 훌륭한 신하들을 뽑아 나라의 기틀을 닦았다고 해서 예로부터 훌륭한 인물의 상징으로 여겨졌다. 무왕 역시 아버지 문왕(文王)과 함께 은나라의 마지막 왕인 폭군 주(紂)를 몰아내고 주나라의 기틀을 닦은 훌륭한 왕으로 알려져 있다.

윤사는 제나라 왕이 탕왕이나 무왕처럼 훌륭한 임금이 될 수 없다는 것을 모르고서 정치에 대한 조언을 했다면 맹자는 현명하지 못한 것이고, 알면서도 조언을 했다면 개인적 욕심이 있어서가 아니겠느냐고 주변에 떠들고 다녔다. 지나치게 이상적인 주장을 하며 왕 앞에서도 당당한 맹자가 현실 정치가의 눈에는 거슬렸을지도 모른다.

그렇지만 맹자는 이런 비난 앞에 도리어 떳떳하게 자기 입장을 말한다. 제나라 왕의 가능성을 믿었기 때문이고, 올바른 정치에 대한 자신의 생각에 확신이 있었기 때문이다. 비록 자신이 생각한 정치를 실행할 기회는 얻지 못했지만, 언제나 어질고 훌륭한 정치에 목표를 두고 그 신념을 꺾지 않았기 때문에 부끄러울 것도 없고 비난받을 이유도 없다고 말한다. 이상 정치에 대한 맹자의 강한 신념을 잘 보여주는 대목이다.

인의가 나라를 구한다

맹자가 양나라 혜왕을 만났다. 왕이 말했다. "어르신께서 천리를 멀다 않고 오셨는데, 장차 내 나라를 이롭게 할 수 있겠습니까?"

맹자께서 말씀하셨다. "왕께서는 왜 이익을 말씀하십니까? 오직 인(仁)과 의(義)가 있을 따름입니다. 왕께서 어떻게 하면 내 나라를 이롭게 할까를 말씀하시면 대부들은 어떻게 하면 내 집을 이롭게 할까 생각하며, 선비와 평민들은 어떻게 하면 내 몸을 이롭게 할까 생각할 것입니다. 이렇게 위아래가 서로 이익을 구하려고 하면 나라 전체가 위태로워질 것입니다.

수레 만 대를 가진 나라에서 그 임금을 죽이는 자는 반드시 수레 천 대를 가진 가문일 것이고, 수레 천 대를 가진 나라에서 그 임금을 죽이는 자는 반드시 수레 백 대를 가진 가문일 것입니다. 만을 가진 자가 천을 가진 자에게서 빼앗고 천을 가진 자가 백을 가진 자에게서 빼앗는 법입니다. 만약 의를 뒤로 미루고 이익만을 앞세우면 서로서로 모두 빼앗지 않고는 만족하지 못하게 됩니다.

　어진데도 그 어버이를 버리는 사람은 있을 수 없고, 의로운데도 그 임금을 함부로 하는 사람은 있을 수 없습니다. 왕께서는 인의만 말씀하실 일이지 어째서 이익을 말씀하십니까?"

〈양혜왕(梁惠王) 상 1〉

　양나라는 원래 위(衛)나라로, 후에 수도를 대량(大梁)으로 옮겼기 때문에 양나라로 불리게 된 전국 시대 여러 나라 가운데 하나다. 양나라 혜왕은 위나라 제후였지만, 스스로를 왕이라고 하면서 나라가 부강해질 방법만을 찾았던 야심 많은 사람이었다. 그는 맹자를 만나 '자기 나라의 이익'을 위해 무엇을 해야 하느냐고 묻는다.

　이런 혜왕에게 맹자는 기대와는 다른 대답을 한다. 나라에서 가장 중요한 것은 이익이 아니라는 것이다. 나라를 부강하게 하는 무언가 특별한 방법이 없는가를 물었던 혜왕에게 맹자의 대답은 실망스러웠을지 모른다. 그렇지만 맹자는 조금도 굽힘 없이 혜왕에게 꾸짖듯이 되묻는다. '어째서 인의가 아니라 이익을 찾는가?'라고. 그리고는 어떻게 하면 나라를 이롭게 할 수 있느냐는 질문 자체가 나라를 갉아먹는 것이라고 말한다.

그렇다면 무엇이 나라를 부유하고 강하게 만드는 것일까. 맹자는 오직 인과 의라고 말한다. 인의란 어질고 떳떳한 마음을 의미한다. 사람들이 어진 마음으로 산다면, 서로를 존중하고 아끼면서 올바르고 선하게 행동할 것이다. 맹자는 나라를 유지하고 발전시키는 데 가장 중요한 것은 사람들이 서로에게 느끼는 책임감과 올바르고 선하게 살려는 삶의 태도라고 생각했다.

맹자가 그렇게 생각한 데는 이유가 있다. 맹자의 말대로 누구든 이익을 추구하려고 하면 서로 경쟁하며 이익만을 다투게 된다. 그런 분위기가 사회 전체로 뻗어 나가면, 빼앗고 빼앗기는 사회 혼란을 막을 길이 없다. 윗사람이 이익을 추구하면, 그러한 태도가 아래로 뻗어 나가 권력자부터 백성까지 사회 구성원 모두가 자신의 이익을 위해 다투게 될 것이기 때문이다. 어느 사회나 사람들이 자기 이익만 찾으면 서로 더 갖기 위해 빼앗고 싸워, 결국 사회 전체가 위태롭게 되는 것은 당연하다.

이러한 문제를 해결하기 위해서 맹자가 제시한 것이 바로 서로에 대한 어진 마음, 즉 '서로 아끼는 마음'이다. 모든 사람이 평화롭게 살면서 함께 발전해 나가기 위해서는 눈앞의 이익이 아니라 인의라는 도덕적 가치를 기준으로 살아야 한다. 마음이 어진 사람치고 그 부모를 버리는 사람이 없고, 마음에 떳떳함을 품고 사는 사람치고 군

주를 함부로 대하는 사람이 없다.

맹자는 사람들이 모두 인과 의라는 도덕적 가치를 기준으로 서로를 위하고 원칙과 법도에 맞게 산다면, 서로 경쟁하듯 이익을 다투거나 싸울 필요가 없으니 모든 것이 제자리에서 잘 돌아갈 것이라고 믿었다. 사람과 사람이 인의로 맺어진 사회, 이것이 바로 맹자 철학의 기본 출발점이다.

맹자는 다른 군주들을 만난 자리에서도 이러한 입장으로 그들을 설득한다. 맹자가 추(鄒)나라에 갔을 때, 큰 나라들 사이에 낀 작은 나라였던 추나라는 노(魯)나라와 전쟁 중이었다.

추나라와 노나라가 전쟁 중이었다. 추나라 목공(穆公)이 맹자에게 물었다. "내 신하 가운데 죽은 자가 33명이나 되는데도 백성들은 한 사람도 목숨을 바치지 않았습니다. 이들을 죽이려 하면 다 죽일 수 없고, 죽이지 않자니 윗사람이 죽는 것을 보면서도 곁눈질이나 하며 구하지 않았으니 어찌하면 좋겠습니까?"

맹자께서 대답하셨다. "흉년과 기근이 닥쳐 백성들 가운데 노약자들은 굶어죽어 길거리에 뒹굴고 젊은이들은 사방으로 뿔뿔이 흩어지는데도 임금의 창고에는 곡식과 재물이 가득 차 있었습니다. 상황이 이런데도 임금의 벼슬아치들은 아무도 임금께 알리지 않았습니다. 이것은 윗사람이 게을러서 아랫사람을 못살게 군 것입니다.

증자(曾子)[2])께서 말씀하시기를 '경계하고 또 경계하라. 네게서 나간 것은 네게로 돌아갈 것이다.'라고 하셨습니다. 백성들은 자기들이 당했던 것을 되갚는 것일 뿐입니다. 그러니 임금께서는 그들을 탓하지 마십시오. 임금이 어진 정치를 베푸셨다면, 백성들도 윗사람을 사랑해서 윗사람을 위해 죽음도 마다하지 않았을 것입니다."

〈양혜왕(梁惠王) 하 12〉

추나라 목공도 맹자를 만나 정치에 대해 묻는다. 그는 전쟁 중에 백성들이 도와주지 않았다고 분노하면서 어찌하면 좋으냐고 묻는다. 이런 목공에게 맹자는 '당신에게서 나간 것은 당신에게로 돌아온다.'고 일침을 가한다. 만약 임금이 백성에게 모범을 보이고 그들의 믿음을 얻었다면 상황은 달라졌을 것이다. 백성들의 믿음을 얻지 못했기 때문에 전쟁과 같은 급박한 상황에서 백성들은 나라를 저버린 것이다. 백성이 굶어죽고 흩어지는데도 윗사람들은 나 몰라라 하거나자기 욕심을 채우는 데 급급했으니, 백성들이 나라를 위해 목숨을 바쳤겠느냐는 것이다.

여기서도 맹자는 인정(仁政), 즉 어진 정치를 말한다. 인정을 통해

---

2) 공자의 제자로 이름은 삼(參)이다. 효성이 지극했으며, 안으로 자신을 반성하고 밖으로 이를 실천했다고 한다. 《효경(孝經)》이라는 책을 지은 것으로 알려져 있지만 정확하지는 않다.

백성의 마음을 모을 수 있다면 어떤 전쟁에서도 이길 수 있다. 그러나 날카로운 무기나 많은 부가 아니라 어진 정치로 백성들의 마음을 모아야 나라를 살릴 수 있다는 맹자의 주장은 어떤 왕에게도 쉽게 받아들여지지 않았다. 이들은 사회의 근본 토대를 세우는 일보다 눈앞의 이익에만 급급했기 때문이다.

어진 정치를 하면 전쟁에서도 이긴다

큰 나라들 사이에 끼어 있어 위태로웠던 등(滕)나라 문공(文公)도 맹자에게 정치에 관한 자문을 구한다. 등나라 문공은 세자 시절부터 맹자를 존경해 올바른 정치에 대해 여러 번 물었던 인물이다.

등나라 문공이 세자였을 때 초(楚)나라로 가는 길에 송(宋)나라에 들러 맹자를 만났다. 맹자는 사람의 본성이 선함을 일러 주면서 말씀마다 요(堯)임금과 순(舜)임금을 들어서 설명했다. 세자가 초나라에서 돌아오는 길에 다시 맹자를 만났을 때 맹자께서 말씀하셨다. "세자께서는 제 말을 의심하십니까? 올바른 도리는 하나일 뿐입니다."

〈등문공(滕文公) 상 1〉

등나라 문공은 세자 시절부터 올바른 정치를 해 보려는 의지가 있었던 인물이다. 맹자는 고대의 전설적인 인물 요임금과 순임금을 훌륭한 임금의 상징이라고 말하면서, 이들이 펼친 어진 정치가 바로 따라야 할 표준이라고 거듭 강조했다.

그러나 등나라는 작은 나라였고, 당시 상황에서 맹자가 말하는 어진 정치를 베푸는 일은 지나치게 이상적인 것으로 보였을 수도 있다. 그렇지만 맹자가 현실을 외면하고 오로지 이상 정치만을 추구했던 것은 아니다.

> 등나라 문공이 물었다. "등나라는 작은 나라입니다. 제나라와 초나라 사이에 끼어 있으니 제를 섬겨야 합니까, 초를 섬겨야 합니까?" 맹자께서 대답하셨다. "그런 문제는 제가 말씀드릴 바가 아닙니다. 기어이 말하라 하시면 한 가지 방법이 있습니다. 연못을 깊이 파고 성을 높이 쌓아서 백성과 더불어 지키는 것입니다. 백성들이 죽음을 무릅쓰고 성을 지킨다면 해 볼 만합니다."
>
> 〈양혜왕(梁惠王) 하 13〉

당시는 제나라와 초나라 등 몇몇 강대국이 천하를 좌지우지하던 때였다. 등나라도 동북쪽으로는 제나라의 압박을, 남쪽으로는 초나라의 위협을 받는 위태로운 상황에 놓여 있었다. 당장 이웃의 큰 나라들로부터 위협을 받는 상황에서 문공은 제나라와 손을 잡고 초나라를 피할 것인가, 아니면 초나라와 손을 잡고 제나라를 피할 것인가를 맹자에게 묻는다. 여기서 맹자는 백성들의 지지를 얻는다면 어느 나라에도 굴복하지 않고 독립을 지킬 수 있다는 해결책을 내놓는다. 나라를 지키는 가장 중요한 전제는 백성의 마음을 모으는 것이다. 무기나 전략보다도 백성들이 똘똘 뭉쳐 나라를 지키려고 해야만 큰 나라에 맞설 수 있다는 것이 맹자의 답이다.

> 하늘이 정한 때는 지리적인 이로움만 못하고 지리적인 이로움은 사람들이 화합하는 것만 못하다. 3리밖에 안 되는 내성(內城)이나 7리밖에 안 되는 외성(外城)을 에워싸고 공격해도 이기지 못할 때가 있다. 에워싸고 공격할 때는 반드시 하늘이 준 때를 활용하는데, 그런데도 이기지 못하는 것은 하늘의 때가 지리적인 이로움만 못해서다. 성이 높지 않은 것도 아니고 성을 둘러싼 못이 깊지 않은 것도 아니며, 무기와 갑옷이 굳고 날카롭지 않은 것도 아니고 식량이 부족한 것도 아닌데 모두 버리고 떠나게 된다면, 이는 지리적인 이로움이 사람들의 화합만 못해서다.
>
> <공손추(公孫丑) 하 1>

전쟁에서는 하늘이 정한 때도, 지리적인 이로움도 소용없을 때가 있다. 사람들이 화합하고 단결하지 않으면 튼튼한 성도, 날카로운 무기도 다 소용이 없다. 그렇다면 어떻게 백성들이 하나로 뭉치도록 할 수 있을까? 이는 왕이 어떻게 하는가에 달렸다. 왕이 올바르고 어진 정치를 펼쳐서 백성들의 신뢰를 얻는다면, 백성들이 하나로 뭉쳐 나라를 지킬 것이다. 이렇게 된다면 아무리 강한 나라 사이에 있더라도 한번 해 볼 만하다.

물론 당시에는 전쟁만으로 해결되지 않는 복잡한 문제도 있었을 것이다. 맹자가 활동하던 시대는 각국이 힘으로 서로를 겨누면서 먹고 먹히는 전쟁을 반복하던 시대였기 때문에 그만큼 상황도 복잡했다.

제나라 선왕(宣王)이 물었다. "다른 나라와 사귀는 데에 일정한 방법이 있습니까?"

맹자께서 대답하셨다. "있습니다. 오로지 어진 자만이 큰 나라로써 작은 나라를 섬길 수 있습니다. 그러므로 탕왕이 갈(葛)나라를 섬겼고, 문왕이 곤이(昆夷)를 섬겼던 것입니다. 오로지 지혜로운 자만이 작은 나라로써 큰 나라를 섬길 수 있습니다. 그러므로 태왕(太王)이 훈육(獯鬻)을 섬겼고, 구천(句踐)이 오(吳)나라를 섬겼습니다.

큰 나라로써 작은 나라를 섬기는 것은 하늘의 뜻을 즐기는 것이요, 작은 나라로써 큰 나라를 섬기는 것은 하늘을 두려워하는 것입니다. 하늘의 뜻을 즐거워하는 자는 천하를 보호할 수 있고 하늘을 두려워하는 자는 그 나라를 보호할 수 있습니다. 《시경(詩經)》에 이르기를 '하늘의 위엄을 두려워하니 이에 나라를 보전하도다.'라고 하였습니다."

〈양혜왕(梁惠王) 하 3〉

은나라 탕왕은 이웃 나라인 갈나라 임금이 제멋대로 굴며 제사를 지내지 않자, 고기와 곡식을 주어 제사를 지내도록 도운 일이 있었다. 그렇지만 방탕한 갈나라 임금은 고기와 곡식을 먹어치우고는 그것을 전하러 간 사람까지 죽여 버렸다. 탕왕은 이를 더 보지 못하고 포악한 정치에 시달리는 백성들을 위해 갈나라를 정벌했다고 한다. 천하의 3분의 2를 차지했던 주나라 문왕도 작은 서쪽 오랑캐였던 곤이와 좋은 관계를 맺은 일이 있다. 이는 큰 나라가 작은 나라를 예로 대한 좋은 예다.

태왕은 고공단보(古公亶父)라는 인물로 문왕의 할아버지다. 태왕이 활동했던 당시에는 세력이 약해 훈육이라는 북쪽 오랑캐에게 쫓겨 나라를 옮긴 일이 있었다. 구천은 월(越)나라 왕인데, 오랫동안 오나라와 싸웠지만 전쟁에 져서 항복하고 오나라를 섬겼다. 그렇지만 결국 힘을 키워 나중에 오나라에 복수한다. 이 두 인물은 세력이 작은 나라였을 때 더 강한 나라와 지혜롭게 관계했던 예에 해당한다.

맹자는 이런 예를 들어 제나라 선왕의 질문에 답한다. 외교 문제를 잘 해결하는 방법은 무조건적인 애국심이나 무력을 통한 위협이 아니다. 그것은 각자의 자리에서 어질게 혹은 지혜롭게 대처하는 것이다. 강하고 큰 나라는 무력으로 작은 나라를 칠 것이 아니라, 관대한 태도로 자신을 낮추고 어진 마음으로 다른 나라를 포용해야 한다. 그렇기 때문에 오직 어진 이만이 큰 나라이면서도 작은 나라를 섬길 수 있고, 그 결과로 작은 나라의 진정한 복종을 얻어 천하를 평안하게 이끌 수 있다.

반대로 작은 나라에 필요한 것은 지혜로움이다. 큰 나라를 함부로 상대해서 국가를 위태롭게 하니 겸손하고 지혜로운 태도로 큰 나라의 힘에 대처해서 살길을 찾아야 한다. 그렇기 때문에 오직 지혜로운 자만이 힘의 경쟁을 피해 큰 나라와 공존하면서 자기 나라를 보호할 수 있다.[3]

큰 나라가 어질어야 하는 것은 결국 하늘의 뜻이 그러하기 때문

---

3) 우리 스스로 우리를 낮추는 말 가운데 하나인 '사대주의(事大主義)'도 여기서 나온 것이다. 맹자가 말한 '사대'란 작은 나라가 큰 나라와 공존할 수 있는 지혜로운 방법인데, 우리에게 사대주의는 중국에 대해 무조건 비굴한 외교 태도를 보이는 것을 가리키는 말로 쓰인다. 물론 무조건 중국을 섬겨야 한다는 생각은 조선 시대에도 비판을 받았다. 그러나 북벌을 주장한 사람은 충신이고 사대주의를 주장한 사람은 역적이라 생각하는 것은 문제가 있다. 맹자도 지적하듯이 어질고 지혜로운 방법으로 외교 문제를 처리하지 않고 무조건 힘이나 명분에 의한 정치를 하는 것은 무리이기 때문이다.

이고, 작은 나라가 지혜로워야 하는 것은 결국 하늘이 두렵기 때문이다. 하늘의 뜻에 따르면 큰 나라는 천하를 보호할 수 있게 되고, 작은 나라는 자기 나라를 지킬 수 있게 된다.

맹자는 이처럼 국가 간의 외교 관계도 궁극으로는 하늘의 뜻에 따르는 어진 태도와 지혜로움에 의해 결정된다고 보았다. 중요한 것은 힘이 아니라 그 힘을 올바르게 쓰는 것이다. 힘을 올바르게 쓴다면 강한 자도 약한 자도 서로 평화롭게 공존할 수 있다. 객관적인 힘의 우위가 분명한 상황에서 자신의 힘에 따라 정책을 결정하되, 강한 자는 인으로, 약한 자는 지혜로 다른 나라와 관계를 맺는 것이 바로 올바른 외교 정책의 기본이다. 맹자가 주장한 어진 정치는 이처럼 모든 실제 상황에 적용할 수 있는 근본 원칙이다. 맹자는 인의를 기준으로 행하는 정치를 다른 말로 표현하는데, 왕도 정치가 바로 그것이다.

2. 덕의 정치와 힘의 정치 −왕도와 패도

이익을 버리고 인의를 추구하라

송경(宋牼)이 초나라로 가던 도중에 석구라는 곳에서 맹자를 만나게 되었다.

맹자께서 물으셨다. "선생께서는 어디로 가시는 중입니까?"

"듣자하니 진(秦)나라와 초나라가 전쟁을 시작했다고 하기에, 초나라 왕을 만나 그를 설득해 전쟁을 그만두게 하려 합니다. 초나라 왕이 받아들이지 않는다면, 진나라 왕을 만나서 그를 설득해 전쟁을 그만두게 하고자 합니다."

"저는 자세한 것은 묻지 않겠습니다만, 대강을 듣고자 합니다. 선생께서는 어떻게 왕들을 설득하려고 하십니까?"

"전쟁은 이익이 되지 않는다고 말할 것입니다."

"선생의 생각은 위대하지만 선생이 내세우려는 구호는 옳지 않습니다. 선생이 이익을 기준으로 진나라와 초나라 왕을 설득한다면, 진나라와 초나라의 두 왕은 전쟁을 그만두어 이익이라고 기뻐하면서 군대를 물러가게 할 것입니다. 그렇게 되면 군사들도 전쟁이 끝난 것을 즐거워하고 전쟁을 하지 않은 것이 이익이 되었다고 기뻐할 수도 있겠지요.

그러나 신하된 사람이 이익을 생각해서 임금을 섬기고, 자식된 사람이 이익을 생각해서 아버지를 섬기고, 아우된 사람이 이익을 생각해서 형을 섬긴다면, 그것은 임금과 신하, 아버지와 아들, 형과 아우가 모두 인의를 버리고 이익만을 생각하고 서로 대하는 것입니다. 이런 상황이 된다면 망하지 않을 나라가 없을 것입니다.

선생이 인의로써 진나라와 초나라 왕을 설득해 그들이 인의를 기뻐하여 군대를 물러나게 한다면, 군사들은 물러나게 된 것을 기뻐하고 인의를 즐기게 될 것입니다. 신하된 사람이 인의를 생각해서 임금을 섬기고, 자식된 사람이 인의를 생각해서 아버지를 섬기고, 아우된 사람이 인의를 생각해서 형을 섬긴다면, 그것은 임금과 신하, 아버지와 아들, 형과 아우가 이익을 버리고 인의를 생각하여 서로 대하는 것입니다. 그렇게 하고서도 왕 노릇을 하지 못한 사람은 없었습니다. 그런데 어째서 이익이라는 기준으로 설득하려 하십니까?"

〈고자(告子) 하 4〉

맹자가 살았던 시대는 전쟁의 시대였다. 주나라의 강한 권위로 통치되던 천하는 작은 나라들로 나누어져 서로 끊임없이 전쟁을 벌였다. 사실 맹자는 전쟁 자체를 반대하지는 않았다. 폭군을 없애고 백성을 구하기 위한 전쟁과 같이 명분이 분명하고 올바르면 전쟁이 필요하다고 생각했다. 그러나 맹자는 무의미한 전쟁에는 반대한 평화주의자였다. 전쟁이 백성의 삶에 어떤 피해를 주는지 몸으로 겪으며 살았기 때문이다.

송경은 송나라 사람으로 맹자처럼 여러 나라를 돌며 정치에 관한 조언을 했던 인물이다. 침략 전쟁을 그만두고 군비를 없애라고 주장한 평화주의자이기도 하다. 맹자는 송경이 전쟁을 막으러 간다는 말에는 찬성한다. 그러나 전쟁을 막을 명분에 대해서는 찬성하지 않는다. 여기서 문제가 되는 것은 바로 '이익'이다. 이익 때문에 전쟁을 그만둔다면, 당장은 몰라도 또 다른 상황에서는 이익을 기준으로 다투는 일이 생길 것이다. 더 큰 이익을 위해서라면 무슨 일도 서슴지 않고 하게 될 것은 불 보듯 뻔하다.

사실 전쟁은 당시에 아주 민감한 문제였다. 맹자가 활동할 당시 많은 나라들이 전쟁을 통해 자기 나라의 영토를 늘려 나갔다. 전쟁을 통해서 영토를 넓히고 백성을 늘리려고 하니 나라의 모든 역량이 전쟁 준비에 집중되었고, 그 부담은 고스란히 백성의 몫으로 떨어질 수밖에 없었다.

왕들은 자신들의 명분을 위해 백성들을 전쟁 도구처럼 사용했다. 젊은 사람이 죽고 농토는 황폐해졌다. 백성들은 굶주림을 피하기 위해 이리저리 떠돌게 되었다. 따라서 비록 전쟁에서 이기더라도 나라의 힘은 약해질 수밖에 없었다. 이런 문제를 해결하려고 비옥한 농토를 가진 나라를 넘보는 전쟁이 이어지는 악순환이 계속되었다. 이런 상황에서는 이익 다툼을 끊고 모두가 평화롭게 공존할 수 있는 새로운 기준이나 방법이 필요하게 된다.

양나라 혜왕이 말했다. "진(晉)나라⁴⁾가 천하에 막강한 나라라는 것은 선생님도 아시는 바입니다. 제가 왕위에 있는 동안 동쪽으로는 제나라에 져서 큰아들이 죽고, 서쪽으로는 진(秦)나라에 땅을 700리나 빼앗겼으며, 남쪽으로는 초나라에 치욕을 당했습니다. 저는 이런 상황이 몹시 부끄럽습니다. 죽은 사람들의 한을 씻기 위해 설욕을 하고자 하는데, 어찌하면 좋겠습니까?"

맹자께서 대답하셨다. "영토가 사방 100리만 되어도 왕도 정치를 펼 수 있습니다. 만일 왕께서 어진 정치를 베푸셔서 형벌을 없애고 세금을 가볍게 하시면, 백성들은 열심히 밭을 갈고 김을 매면서 농사일에 충실할 것입니다.

젊은이들은 한가한 때에 효도와 우애, 충성과 믿음을 닦아서 집에서는 부모 형제를 섬기고 나와서는 어른과 윗사람을 섬길 것입니다. 그렇게 된다면 백성들은 몽둥이만으로도 진나라와 초나라의 견고한

---

4) 양나라는 진나라에서 갈라져 나온 위나라의 다른 이름이다. 진나라 대부들이 성장해 한(韓)·조(趙)·위나라로 갈리게 된다. 세 나라 모두 진을 이은 정통이라고 내세웠기 때문에, 혜왕도 과거 진나라의 위세를 들먹이는 것이다.

갑옷이나 날카로운 무기들과 싸워 이길 수 있을 것입니다.

적국의 군주는 백성들의 농사철을 빼앗아 밭 갈고 김매어 부모를 봉양할 수 없게 만들고 있습니다. 따라서 부모는 얼어 죽거나 굶어 죽고 형제와 처자는 흩어지게 되니, 저들의 왕이 그들을 구덩이와 도랑에 빠뜨리고 있습니다. 이런 상황에서 왕께서 전쟁을 벌이신다면 누가 임금과 대적할 수 있겠습니까? 그러므로 옛말에 '어진 이에게는 상대할 적이 없다.'고 한 것입니다. 임금께서는 이를 의심하지 마십시오."

〈양혜왕(梁惠王) 상 5〉

여러 번의 전쟁에서 실패를 경험한 양나라 혜왕이 어느 날 맹자에게 설욕 전쟁을 치르는 문제에 대해 묻는다. 여기서 맹자는 양나라 혜왕에게 먼저 바른 정치를 펼치라고 말한다. 어진 마음으로 다스리는 정치, 즉 인정이 그것이다. 전쟁에서 이기기 위해 제일 먼저 할 일은 군비를 마련하거나 군사를 훈련하는 것이 아니다. 오히려 힘에 의한 정치를 해서는 안 된다. 힘으로 밀어붙이는 정치는 백성들을 굶주리게 하고 길바닥에 뒹굴게 할 뿐이다. 이것이 바로 나라가 망하는 지름길이다. 그러므로 현명하고 지혜로운 왕은 힘에 의한 정치를 추구하지 않는다. 오직 덕에 의한 정치만을 추구한다. 이를 다른 말로 왕도(王道) 정치라고 한다.

폭압 정치를 행하는 나라의 백성은 마지못해 삶을 이어 나가기 때문에 전쟁에서도 자기 목숨만 지키려고 할 것이다. 물론 강한 힘으로 내리누르는 통치 방법이 당장에는 효과를 발휘할지도 모른다. 그러나 이익을 추구하는 태도 자체가 사회를 불안하게 만들기 때문에, 힘에 의한 정치는 결국 힘을 앞세우는 세력 다툼에 의해 망하게 된다. 이렇게 강력한 왕권을 가지고 힘으로 하는 정지를 패도(霸道) 정지라고 한다.

왕도 정치와 패도 정치의 차이는 도덕에 바탕을 두느냐, 힘에 바탕을 두느냐에 있다. 맹자가 도덕에 바탕을 둔 정치를 더 중요하고 근본이 되는 방법이라고 본 것은 당연하다. 그가 '의심하지 말라.'고 말하면서까지 왕도 정치를 강조한 것도 당장에 효과를 발휘할 패도 정치에 관심을 기울이는 혜왕의 얕은 마음을 읽었기 때문이다.

인의로 움직이는 사회

하나라, 은나라, 주나라 세 나라가 천하를 얻은 것은 인을 실천했기 때문이요, 잃은 것은 인을 실천하지 않았기 때문이다. 한 나라가 피폐해지거나 발전하거나, 존속하거나 멸망하는 것도 역시 인에 의해서니, 천자가 인을 행하지 못하면 천하를 지키기에 부족하고, 제후가 인을 행하지 못하면 사직(社稷)을 지키기 어려우며, 경대부가 인을 행하지지 못하면 종묘(宗廟)를 지키기 어렵고, 선비와 서민들이 인을 행하지 못하면 제 한 몸도 지키기 어렵다.

〈이루(離婁) 상 3〉

우왕(禹王), 탕왕, 문왕, 무왕과 같은 훌륭한 왕들이 인으로 천하를 얻어 다스렸다면, 하나라 마지막 왕 걸이나 은나라 마지막 왕 주는 인을 행하지 못했기 때문에 천하를 잃은 것이라고 볼 수 있다. 맹자는 천자부터 일반 서민에 이르기까지, 자신과 국가를 지키기 위해 필요한 가장 근본 조건으로 인이라는 도덕적인 가치를 내놓는다. 도덕적인 성품을 자신의 내면에서 끌어낼 수 있는 사람만이 자신뿐 아니라 천하를 지킬 수 있는 힘을 갖게 된다.

천하에 올바른 도가 행해지는 시대에는 덕(德)이 작은 나라가 덕이 큰 나라에, 덜 현명한 자가 더 현명한 자에게 부림을 받는다. 그러나 천하에 올바른 도가 행해지지 않는 시대에는 오로지 크기나 힘이 작은 자가 큰 자에게, 약한 자가 강한 자에게 부림을 받게 된다. 이 두 가지는 하늘의 원리이니, 하늘의 원리를 따르는 자는 살아남을 것이고 하늘의 원리를 거스르는 자는 망할 것이다.

공자께서도 "인은 많은 수로도 당해 낼 수 없다. 임금이 어진 정치를 펴면 대적할 자가 없다."라고 하셨으니, 나라의 군주가 인을 좋아하면 천하에 대적할 자가 없다. 그런데 지금 군주들이 천하에 대적할 이가 없기를 바라면서도 인으로써 정치를 펴나가지 않는 것은 마치 뜨거운 것을 집고도 물에 손을 담그지 않으려는 것과 같다.

〈이루(離婁) 상 7〉

사회가 안정되면 덕이 큰 자, 더 어진 자가 사회를 이끌어가는 것이 순리로 받아들여진다. 그러나 어지러운 세상이 되면 사람들은 덕이나 인에 의한 정치가 아니라 힘에 의한 정치에 자신을 맡겨 버린다. 이런 세상에서는 사람들이 어떻게 하면 힘을 기를까에만 관심을 기울이게 된다. 그래서 백성들의 삶이 어떻게 되는지에 대해서는 누구도 관심을 갖지 않는다.

이런 상황에서 어떤 임금이 곤경에 빠진 백성들을 도와 왕도 정치를 실현하고자 한다면, 비록 그 나라의 백성이 적더라도 천하를 얻게 된다. 왕도 정치를 행하는 왕만이 곤경에 빠진 상대 나라 백성들의 마음을 얻을 수 있고 천하를 구할 수 있기 때문이다. 이런 임금이라면 천하에 대적할 자가 없을 텐데도, 맹자 당시 제후들은 이를 알지 못했다. 그래서 마치 '뜨거운 것을 들고도 물에 식히려 들지 않는 것'과 같다고 비유한 것이다.

《서경(書經)》5)에 '탕왕이 첫 번째 정벌을 갈나라에서 시작하였다.'고 했는데, 온 천하가 그를 믿었습니다. 동쪽을 향하여 정벌하면 서쪽 오랑캐가 원망하고, 남쪽을 향하여 정벌하면 북쪽 오랑캐가 원망하면서 '어째서 우리만을 뒤로 미루시는가?'라고 말했다 합니다. 이렇듯 백성들은 탕왕이 자기 왕을 몰아내고 자신들을 구해 주기를 큰가뭄에 구름과 무지개를 바라듯 바랐다고 합니다. 그 나라의 임금을 베어서 그 나라의 백성을 위로하는 것이 때에 맞춰 내리는 비와 같아서 백성이 크게 기뻐하였다고도 합니다. 또 《서경》에 '우리 임금님을 기다리고 있었는데, 이제야 오셔서 우리를 다시 살리셨다.'고 하였습니다.

〈양혜왕(梁惠王) 하 11〉

포악한 정치에 시달리던 백성들은 탕왕이 자신들의 임금을 몰아내 주기를 기다렸다고 한다. 탕왕이 치렀던 전쟁은 파괴를 위한 전쟁이 아니라 구원을 위한 전쟁이었다는 의미다. 물론 《서경》은 정복자의 관점에서 쓰여진 글이라는 한계가 있지만, 여기서 우리는 맹자가 생각한 전쟁의 조건을 알 수 있다.

---

1) 《서경》은 당우(唐虞) 시대와 하은주(夏殷周) 삼대를 기록한 중국 고대의 기록이다. 다른 말로 《상서(尙書)》라고도 한다. 〈우서(虞書)〉·〈하서(夏書)〉·〈상서(商書)〉·〈주서(周書)〉 등으로 이루어져 있으며, 고대의 역사와 제도 등을 담고 있다.

전쟁에는 두 가지 조건이 갖추어져야 한다. 먼저 자기 나라 백성들에게 동의를 얻어야 한다. 이는 어진 정치를 행할 때만 얻을 수 있는 것이다. 다음은 포악한 정치에 지친 상대국 백성들의 바람이 있어야 한다. 그 나라 백성들이 존경하여 자기들을 구해 주기를 기대할 때만 의로운 전쟁이 될 수 있다. 결국 올바른 왕이 아니면 전쟁을 해서는 안 되는 것이다.

맹자는 이익 다툼을 끊을 근본 해결책은 깨달은 왕이 왕도 정치를 행함으로써, 사회 구성원들이 모두 도덕적인 마음을 회복하여 서로에 대해 책임을 지게 되는 것이라고 생각했다. 특히 전국 시대는 이제까지 여러 제후국들을 통합하고 있던 천자국 주나라의 권위가 땅에 떨어져 각 나라들이 전쟁을 계속 벌이던 때였기에 맹자의 이런 생각은 절실한 것이었다. 그래서 혼란한 시대일수록 소수의 이익이 아니라 전체를 위한 도덕성 회복이 필요하다고 강조한 맹자의 생각이 의미를 갖는다. 인의의 마음을 가진 군주의 도덕적인 정치가 사회 발전의 가장 중요한 동력인 셈이다.

백성을 보호하는 정치

힘으로써 인을 가장하는 것은 패도이니, 패도를 행하려면 반드시 큰 나라가 필요하다. 덕으로써 인을 행하는 것은 왕도이니, 왕도를 행하는 데는 큰 나라가 필요하지 않다. 탕왕은 사방 70리, 문왕은 사방 100리만으로도 왕 노릇을 하셨다.

무력으로 남을 복종하게 하는 것은 마음으로부터 복종하게 하는 것이 아니다. 힘이 부족해서 억지로 복종하는 것일 뿐이다. 덕으로써 남을 복종하게 하는 것은 마음으로부터 기뻐서 복종하는 것이다. 그것은 마치 70명의 제자들이 공자에게 마음으로부터 복종한 것과 마찬가지다.

〈공손추(公孫丑) 상 3〉

왕도 정치와 패도 정치는 어떻게 다를까? 그것은 백성들의 복종을 어떻게 끌어내는가에 달려 있다. 패도 정치는 힘으로 거짓 복종을 이끌어내고, 왕도 정치는 덕으로 마음으로부터의 복종을 이끌어낸다. 맹자는 이처럼 힘에 굴복하게 만드는 패도 정치와 덕에 감동하게 만드는 왕도 정치는 다르다고 말한다.

패도 정치를 행하는 나라의 백성들은 의기양양하게 기뻐하고, 왕도 정치를 행하는 나라의 백성들은 너그럽고도 진심으로 기뻐한다. 왕도 정치를 행하는 나라의 백성들은 죽게 되어도 왕을 원망하지 않으며, 이롭게 되어도 왕의 공덕을 칭송할 줄 모른다. 백성들이 나날이 선하게 되어도 누가 그렇게 하는지를 알지 못한다.

〈진심(盡心) 상 13〉

패도 정치 아래의 백성들은 그 힘에 취해 의기양양하여 잘난 체를 하지만, 왕도 정치 아래의 백성들은 너그럽고 여유롭다. 그래서 생활이 안정되고 자연스럽게 서로가 서로를 아끼는 정겨운 사회를 이룰 수 있다. 이것이 바로 왕도 정치에 마음으로 감동하여 변화된 백성들의 모습이다.

군주의 덕행에 감동하게 하는 정치가 올바른 정치이며, 이런 정치를 해야 사회가 올바르게 된다는 것이 맹자가 주장하는 정치사상의 핵심이다. 그렇지만 진짜 왕도 정치가 무엇인지에 대한 답은 지금부터라고 할 수 있다. 맹자가 설명하는 왕도 정치의 기본은 '백성을 보호하는 정치'다.

제나라 선왕이 맹자에게 물었다. "덕이 어떠해야 왕 노릇을 할 수 있겠습니까?"

맹자께서 말씀하셨다. "백성을 보호하면서 정치를 해 나간다면 아무도 막을 자가 없을 것입니다."

"저 같은 사람도 백성을 보호할 수 있겠습니까?"

"하실 수 있습니다."

"무슨 이유로 그렇게 확신하시는지요?"

"제가 호흘(胡齕)이라는 신하에게 들은 이야기가 있습니다. 왕께서 당 위에 앉아 계실 때 소를 몰고 아래로 지나가는 자가 있었다지요. 왕께서 '소를 어디로 끌고 가느냐?'고 물었더니 '소의 피를 내어 종 틈에 바르는 제의를 위해 끌고 가는 것입니다.'라고 대답했다지요.

그러자 왕께서는 '내 그 소가 떨며 죄 없이 사지(死地)에 끌려가는 것을 차마 볼 수 없구나.'라고 하시며 놓아 주라고 하셨습니다. 그러자 소를 몰고 가던 자가 '그러면 종 틈에 피를 바르는 제의는 하지 않는 것입니까?'라고 물었더니 '어찌 없앨 수 있겠느냐? 양으로 바꾸어라.'라고 하셨다는 말을 들었습니다. 그런 일이 있으셨습니까?"

"있었습니다."

"이러한 마음이면 좋은 왕 노릇을 하시기에 충분합니다. 소 이야기를 들은 백성들은 모두 왕께서 인색하다고 하지만, 저는 진실로 왕께서 차마 그 광경을 볼 수 없으셔서 그러셨으리라 생각합니다."

"그렇습니다. 그렇게 말할 백성도 있겠지만, 제나라가 비록 좁다고는 해도 내가 어찌 소 한 마리를 아끼겠습니까? 그저 떨면서 죄 없이 죽으러 가는 모습을 차마 볼 수 없었기에 양과 바꾸라고 한 것입니다."

"왕께서는 백성들이 왕에 대해 인색하다고 말하는 것을 이상하게 생각지 마십시오. 작은 것을 큰 것과 바꾼 것만 보였을 테니, 그들이 어찌 왕의 뜻을 알겠습니까? 왕께서 만일 죄 없이 죽으러 끌려가는 소를 불쌍하게 여기셨다면 소와 양을 어찌 가리셨습니까?"

왕이 웃으며 말했다. "듣고 보니 그렇군요. 대체 무슨 마음이었을까요. 재물을 아껴 양으로 바꾸라고 한 것은 아니지만 백성들이 나더러 인색하다고 하는 것도 이해는 됩니다."

"걱정하실 것 없습니다. 불쌍하게 여기는 마음이야말로 인을 행하는 좋은 방법입니다. 다만 왕께서는 소만 보고 양을 보지 못한 것일 따름입니다. 군자는 짐승을 대할 때 살아 있는 것은 보지만 죽는 꼴은 차마 보지 못하며, 또한 그 짐승이 죽는 소리를 듣고는 차마 그 고기를 먹지 못하지요. 그런 까닭에 군자는 푸줏간을 멀리하는 것입니다."

왕이 기뻐하면서 말했다. "《시경》에 '다른 사람이 가지고 있는 마음을 나는 헤아려 아노라.'라고 하였으니, 선생을 두고 하는 말인 것 같습니다. 내가 한 일인데도 돌이켜 그렇게 한 이유를 알 수 없어 내 마음을 납득할 수 없었는데, 선생께서 일러 주시니 깨닫는 바가 있습니다. 그런데 이러한 마음이 왕 노릇 하는 데 적합한 것은 무슨 까닭입니까?"

"어떤 사람이 왕에게 '나의 힘은 3천 근은 들 수 있지만 새털 하나는 들 수 없고, 시력은 가는 털끝은 살필 수 있지만 수레에 가득 실은 땔나무는 보지 못한다.'라고 말한다면, 왕께서는 믿으시겠습니까?"

"아니오."

"그런데 지금 왕의 은혜가 짐승에게까지 미치는데도 그 효과가 백성에게 이르지 못하는 것은 무슨 이유에서일까요? 새털 하나를 들지 못하는 것은 힘이 없는 것이 아니라 힘을 쓰지 않은 것이고, 수레의 땔나무를 보지 못하는 것은 시력이 나쁜 것이 아니라 제대로 보려 하지 않았기 때문입니다. 백성이 편안해지지 않는 것도 왕께서 은혜를 베풀 수 없기 때문이 아니라 은혜를 베풀지 않기 때문입니다. 그러므로 왕께서 올바르게 왕 노릇을 하지 못하는 것은 하지 않는 것일 뿐이지 할 수 없는 것이 아닙니다."

"하지 않는 것과 할 수 없는 것은 어떻게 다릅니까?"

"태산을 끼고 북해를 건너뛰는 일을 '할 수 없다.'고 하면 이는 정말로 할 수 없는 것이지만, 어른을 위해서 나뭇가지 꺾는 일을 '할 수 없다.'고 하면 이는 하지 않는 것일 뿐이지 할 수 없는 것이 아닙니다. 왕께서 왕 노릇을 하지 못하는 것은 태산을 끼고 북해로 건너뛰는 것과 같은 일이 아닙니다. 왕께서 왕 노릇을 하지 못하는 것은 바로 가지를 꺾는 것과 같은 일입니다.

내 어버이를 받들어서 남의 어버이에게까지 미치고, 나의 어린아이들을 아끼고 길러서 남의 어린아이에게까지 미치면 천하를 손바

닥에서 움직일 수 있을 것입니다. 《시경》에 '아내에게 법도를 보여 형제들에게 덕이 미치게 하고 집안과 나라를 다스리는 데까지 이르게 한다.'라고 했습니다. 이런 마음이 백성들에게 전해져야 한다는 말입니다.

그러므로 은혜를 널리 펼치면 천하를 편안하게 할 수 있고, 은혜를 펼치지 않으면 처자식조차 편안하게 하지 못할 것입니다. 옛사람이 지금 사람보다 뛰어났던 까닭은 다름이 아니라 그가 하는 것을 잘 미루어 나갔기 때문입니다. 이제 왕의 은혜가 짐승에게까지 미쳐 베풀어졌으니, 그 효과가 백성에게 이르지 못할 이유가 없겠지요."

〈양혜왕(梁惠王) 상 7〉

왕도 정치는 먼 데 있지 않다. 끌려가는 소의 울음소리를 듣고 불쌍하게 여기는 마음이 있을 정도면 왕도 정치는 이미 시작된 것이나 다름없다. 소에게 향하는 왕의 은혜를 백성에게로 돌리기만 하면 된다.

사람은 누구에게나 불쌍해하는 마음이 있다. 누구나 불행한 광경을 보면 안타까운 마음이 드는 것이다. 맹자는 이런 마음, 생명을 불쌍히 여기고 존중하는 마음만 있으면 올바른 왕 노릇을 할 수 있다고 말한다. 아끼고 사랑하는 마음은 내 부모로부터 다른 사람의 부모에게까지, 내 아이로부터 다른 사람의 아이에게까지 퍼져 나가는 속성이 있다. 왕부터 이런 마음을 갖고 백성들을 아끼고 사랑하면, 사회 전체에 그 은혜가 퍼지게 된다. 이것이 바로 왕도 정치의 시작이다.

이처럼 백성을 아끼고 보호하는 마음이 바로 왕도 정치의 기본 바탕이다. 그런 마음이 바탕이 되지 않으면 어떻게 해도 올바른 정치는 실현되기 어렵다. 다음에 나오는 양혜왕의 고민도 바로 이 점에서 출발한다.

양혜왕이 말했다. "저는 나라를 다스리는 데 온 마음을 쏟고 있습니다. 강 안쪽 지방에 흉년이 들면 그곳의 백성을 강의 동쪽 지방으로 옮기도록 하거나, 강 안쪽 지방에 곡식을 보내기도 했습니다. 강 동쪽 지방에 흉년이 들어도 마찬가지였지요. 이웃 나라의 정치를 살펴보면 제가 마음 쓰는 것만큼 하는 왕은 없는 것 같습니다. 그런데도 이웃 나라의 백성은 줄어들지 않고 내 나라의 백성이 늘지 않는 것은 무슨 까닭입니까?"

"왕께서 전쟁을 좋아하시니 전쟁에 비유해 말씀드리겠습니다. 북소리가 요란한 가운데 무기들이 부딪치면서 전쟁이 시작되었습니다. 이런 상황에서 갑옷과 무기를 버리고 달아나는 사람들이 있었습니다. 어떤 자는 100걸음을 달아난 후에 멈추었고 어떤 자는 50걸음을 달아나다 멈추었습니다. 그런데 50걸음을 달아난 자가 100걸음을 달아난 자를 비웃는다면 어떻겠습니까?"

왕이 말했다. "옳지 않습니다. 100걸음은 아니지만 그 역시 달아
난 것은 마찬가지입니다."

"왕께서 이를 아신다면 백성들이 이웃 나라보다 많아지기를 바라
지 마십시오."

〈양혜왕(梁惠王) 상 3〉

'50보 100보'라는 속담은 이 이야기에서 나왔다. 말솜씨가 뛰어난
맹자는 전쟁에 비유해서 양혜왕의 문제점을 날카롭게 짚어낸다. 양
혜왕은 자기가 다른 임금에 비해 더 백성들에게 잘하는데도 왜 백성
들이 늘지 않느냐고 맹자에게 묻는다. 맹자의 대답은 분명하다. 근본
부터 잘못되어 있다는 것이다. 이미 바탕이 잘못되었다면, 그 차이
는 크게 문제되지 않는다. 바탕에서부터 올바른 원칙으로 정치를 하
지 않으면, 다른 왕보다 조금 더 신경 썼다고 해서 근본 문제가 해결
되는 것은 아니라는 의미다. 그렇다면 어떻게 해야 올바른 정치를 할
수 있을까? 구체적인 왕도 정치의 방법은 무엇일까?

3. 왕도 정치로 가는 길

정전제를 실시하라

왕께서 나랏일에 백성들을 동원하면서 농사철에 시간을 빼앗지 않는다면, 백성들은 먹고 살기에 충분한 곡식을 얻을 수 있습니다. 촘촘한 그물을 웅덩이와 연못에 넣지 않게 하면 백성들이 충분한 물고기과 자라를 얻을 수 있습니다. 큰 도끼와 손도끼로 나무를 벤다 해도 제철에만 베게 한다면 충분한 재목을 얻을 수 있습니다. 곡식과 물고기, 자라 등이 충분하고 재목이 충분해야 백성들이 살아 있는 사람을 봉양하고 죽은 사람을 장사 지내는 데 후회가 없도록 할수 있습니다. 살아 있는 사람을 봉양하고 죽은 사람을 장사 지내는데 후회가 없도록 하는 것이 왕도 정치의 시작입니다.

〈양혜왕(梁惠王) 상 3〉

맹자가 제안하는 왕도 정치의 시작은 참으로 단순하다. 백성들이 자기 생업에 종사하면서 먹고살 만하도록 도와주는 것이 왕도 정치다. 산 사람들이 넉넉하게 서로 돌볼 수 있고 죽은 조상에 대해서 풍족하게 제사 드릴 정도면 왕도 정치의 기본은 갖추어진 것이다.

　백성의 생활을 안정시키기 위해 국가가 가장 먼저 해야 할 일이 있다. 바로 토지 제도를 고치는 것이다. 백성들은 일정한 농토가 있어야만 정착해서 안정된 생활을 할 수 있다. 이들에게 일정한 농토를 나눠 주고 국가 행사나 전쟁에 쓸데없이 백성을 동원하지 않으며, 이들의 생업을 보장해 주는 것이 국가가 할 일이다. 그러므로 맹자의 경제 정책은 단순히 먹고살기 위한 방법이나 국가를 부강하게 하는 방법에 그치지 않고, 어질고 올바른 정치를 이끌어 나갈 실제 바탕이 된다. 이를 구체적으로 실현하는 방법을 제시하는 것도 잊지 않는다. 그것이 바로 정전법(井田法)이라는 토지 제도다.

　등나라 문공이 신하인 필전(畢戰)을 시켜 정전법에 관해서 물어보게 하였다. 맹자께서 말씀하셨다. "선생의 임금이 어진 정치를 행하려고 선생을 보내셨으니, 선생은 반드시 노력하셔야 합니다. 어진 정치는 반드시 토지의 경계를 바르게 하는 것에서 시작됩니다. 토지의 경계가 바르지 않으면 농토가 고르지 않으며, 관리에게 주는 녹봉도 고르지 않을 것입니다. 그렇기에 포악한 임금과 탐관오리들은 토지의 경계를 정하는 문제에 소홀합니다. 토지의 경계를 바르게 정하면 밭을 나누고 녹봉 정하는 일을 앉아서도 할 수 있습니다.

등나라가 비록 땅은 좁지만, 이곳에는 반드시 군자도 있을 것이고 생업에 종사하는 백성도 있을 것입니다. 군자가 없으면 생업에 종사하는 백성을 다스리지 못하고, 백성이 없으면 군자를 먹여 살리지 못할 것입니다.

바라건대 교외의 농지 900이랑에 공동으로 가꾸는 토지를 두어 조법(助法)을 실시하고, 근교 농지에서는 10분의 1 세금을 기준으로 경작지의 생산량에 따라 걷도록 하십시오.

경 아래 벼슬을 하는 사람에게는 반드시 제사에 쓸 곡식을 마련하기 위한 규전(圭田)을 주는데, 그 규모는 50이랑이면 됩니다.

젊은 남자 한 사람에게는 25이랑씩 줍니다. 그렇게 하면 사람이 죽거나 이사를 하더라도 그 마을에서 떠나는 일이 없을 것입니다. 같은 마을의 땅을 공동으로 경작하면 오고 가며 서로 친해질 것이며, 함께 도둑을 지키고 병이 났을 때 서로 도우면 백성들이 서로 화목하게 될 것입니다.

사방으로 10리에 '우물 정(井)' 자를 그어 농토를 나누는데, 그 규모는 900이랑입니다. 우물 정 자의 가운데에 해당하는 부분이 공동으로 경작하는 공전(公田)입니다. 여덟 집이 모두 100이랑씩을 나누어 갖고 공동으로 공전을 경작하여 그 밭일을 끝낸 후에 자기 밭을 가꾸게 합니다. 이는 통치를 받지 않고 세금을 내지 않는 야인(野人)들의 밭과 구별하기 위한 것입니다. 이것이 대강의 내용이니, 실제로 이를 더욱 좋게 만드는 것은 임금과 당신에게 달려 있습니다."

〈등문공(滕文公) 상 3〉

유명한 맹자의 정전제(井田制)에 대한 설명이다. 정전제란 우물 정
자 모양으로 토지를 나누어 백성들에게 경작하도록 하는 제도를 말
한다. 그렇게 토지를 나누면 총 9개의 토지가 나온다. 여덟 집이 각
각 하나씩을 맡아 농사를 짓고, 가운데 땅은 공동으로 경작한 뒤 그
수확물로 세금을 내게 하자는 주장이다.

토지의 경계를 정하는 것은 당시 권력자들에게 매우 중요한 문제
였다. 토지가 곧 재산이었기 때문이다. 이미 당시에는 토지를 가진
자들이 노예를 부려 대규모 경작을 하고 있었다. 따라서 정치 안정을
위해 토지 제도를 정비하는 것은 왕의 중요한 일 가운데 하나였다.

사실 맹자가 제시한 정전제는 이상적인 제도라고 할 수 있다. 고대
중국의 요임금과 순임금이 시행했다고는 하나 정말인지도 확실하지
않고, 이런 제도를 시행하려면 토지 소유 제도를 근본부터 개혁해야
했기 때문이다. 하지만 이 제도는 도덕적인 이상 정치를 꿈꿨던 유
학자들이나 우리나라의 실학자 등 사회를 근본부터 개혁해서 백성의
삶을 안정시키고자 했던 학자들에 의해 여러 번 제기되었다. 그 근거
가 바로 맹자의 주장이다.

그러므로 맹자의 정전제 주장도 당시의 복잡한 사회 상황과 함께

읽어야만 그 의미를 제대로 알 수 있다. 당시는 전쟁이 끊이지 않았던 전국 시대였다. 왜 이런 혼란이 시작된 것일까? 그 이유 가운데 하나로 철제 농기구의 보급을 들 수 있다.

철제 농기구가 보급되자 밭을 깊이 갈 수 있게 되고, 물을 끌어들이는 기술도 점점 발전하게 되었다. 그 결과 같은 면적에서 생산되는 곡식의 양이 크게 늘어났고, 많은 황무지도 개간할 수 있게 된 것이다. 이렇게 나라의 통제를 받지 않아 세금을 내지 않는 개인 농경지가 많아지자, 공동체 씨족 사회가 무너지고 토지 소유를 둘러싼 갈등이 시작되었다. 농업 생산력이 늘어나고 황무지가 개간되자 토지를 둘러싼 불균등이 심각해져, 토지를 더욱 많이 차지하기 위한 분쟁과 전쟁이 자주 일어나게 된 것이다. 이런 상황을 맹자도 지적한다.

> 땅을 빼앗느라 전쟁을 해 죽은 백성이 들에 가득하고, 성을 빼앗
> 느라 전쟁을 해 죽은 사람이 성에 가득하다.
>
> 〈이루(離婁) 상 14〉

토지와 성을 빼앗기 위한 전쟁으로 사람이 죽어 나가는 상황에서 맹자는 도리어 토지를 고르게 나누어서 백성들의 생활을 안정시키고, 국가의 조세도 안정적으로 거둬들일 수 있는 정전제를 주장한다.

이 주장은 백성의 생활 안정이 왕도 정치의 기본이라는 것을 밝히고, 동시에 지배층의 토지 독점과 마구잡이 전쟁에 대해 맹자가 나름대로 내놓은 대안인 셈이다.

백성의 삶을 안정시키는 다섯 가지 방법

정전제라는 토지 제도가 나라 경제의 근본이라면, 이를 바탕으로 실제로 백성의 삶을 안정시킬 구체적인 방법이 나와야 한다. 맹자는 '백성의 삶을 안정시키는 다섯 가지 방법'을 제시한다.

어진 이를 존중하고 훌륭한 인재를 등용하여 뛰어난 인물들이 벼슬자리에 있으면 천하의 선비가 모두 기뻐하며 그 나라의 조정에 나아가 벼슬하기를 바랄 것이다. 시장에서 자리에 대한 세금만 받고 물건에 대한 세금은 받지 않거나, 법으로 다스리기만 하고 자릿세도 받지 않는다면 천하의 장사하는 사람들이 모두 기뻐하며 그 나라의 시장에서 물건을 팔고 싶어할 것이다.

국경에서 살피기는 하되 통행세를 받지 않으면 천하의 나그네가 모두 기뻐하며 그 나라의 길로 여행하기를 원할 것이다. 농부에게는 공전을 경작하게 하고 다른 세금을 받지 않는다면 천하의 농사짓는 사람들이 모두 기뻐하며 그 나라에서 농사짓기를 바랄 것이다. 일반 가구에 대해 부역 대신 내는 세금이나, 뽕나무를 심지 않았다고 해서 내는 세금을 없앤다면 천하의 백성이 모두 기뻐하며 그 나라의 백성이 되기를 바랄 것이다.

이 다섯 가지를 실시할 수 있다면 이웃 나라 백성들이 그 나라의 임금을 부모같이 우러러볼 것이니, 그 자제들을 거느리고서 그들의 부모를 공격하게 하는 일은 이 세상에 사람이 생겨난 이래로 성공한 일이 없다. 이 다섯 가지를 행할 수 있으면 천하에 대적할 자가 없을 것이다. 천하에 대적할 자가 없는 사람은 하늘이 낸 관리다. 그렇게 되고서도 왕 노릇하지 못한 사람은 없다.

〈공손추(公孫丑) 상 5〉

어질고 현명한 사람을 조정에 두면 인재들이 몰려들 것이고, 불필요한 세금을 없애면 농사짓는 사람이나 장사하는 사람이 모두 좋아할 것은 당연하다. 인재를 등용하고 세금 제도를 개혁하여 백성들의 삶을 안정시킬 수 있는 이가 있다면, 그가 바로 하늘이 낸 관리일 것이다. 하늘이 낸 관리치고 왕 노릇을 제대로 하지 못한 사람은 없다. 여기서는 맹자가 특히 세금 문제를 중요하게 생각했다는 점에 주목할 필요가 있다.

당시 제후들은 자기 나라의 부를 늘리기 위해 물건을 사고파는 일에 높은 관세를 붙였고, 국가의 안보를 이유로 사람과 물자가 자유롭게 통행하지 못하도록 하였다. 이러한 상황에서 맹자는 사회의 정치·경제 질서를 바로잡아서 관세 없는 자유로운 상업 활동을 할 수 있게 해야 한다고 말한다. 세금을 줄이면 상업과 유통이 활발해져서 국가 경제가 넉넉해질 것이고, 이를 기반으로 어진 정치가 이루어질 수 있다는 것이다. 이렇게 보면 관세 폐지는 왕도 정치를 이루기 위한 중요한 조건이라고 할 수 있다. 관세뿐 아니라 토지에 따른 세금도 역시 중요한 문제였다.

하나라 때는 50이랑을 경작하게 하고서 공법(貢法)을 실시했고, 은나라 때는 70이랑을 경작하게 하고 조법(助法)을 실시했습니다. 주나라 때는 100이랑을 경작하게 하고서 철법(徹法)을 실시했는데, 이는 모두 10분의 1 세금을 물리는 것이었습니다. '철'이란 함께 경작하여 균등하게 나눈다는 뜻이고, '조'란 힘을 빌린다는 뜻입니다.

옛날의 현인 용자(龍子)는 '농지를 다스리는 데는 조법보다 좋은 것이 없고, 공법보다 나쁜 것이 없다.'고 했습니다. 공법이란 여러 해의 수확을 비교해서 표준을 삼는 것입니다. 공법대로 하면 풍년이 든 해에는 쌀이 넘칠 정도로 많아 세금으로 많이 거둬도 가혹한 일이 아닌데도 적게 거두고, 흉년에는 생산된 곡식이 밭의 비료 값도 안 되는데 기준에 따라 모두 거둬 갑니다. 백성의 부모가 되어서 백성이 원망을 품게 하고 1년 내내 일을 하고도 그 부모를 봉양하지 못하게 하며, 또 빌려 쓴 것에 이자까지 붙여서 늙은이와 어린아이들이 개천과 구렁 속을 구르게 한다면 어찌 백성의 부모가 될 수 있겠습니까?

〈등문공(滕文公) 상 3〉

맹자가 등나라 문공에게 왕도 정치를 위한 기본 경제 정책에 대해 설명하고 있다. 맹자는 먼저 고대 하나라, 은나라, 주나라의 조세법에 대해 설명한다. 공법, 조법, 철법이 이름은 다르지만 실제로 받는 세금의 양은 10분의 1로 같았다는 것이다. 그리고 용자의 말을 빌어 조법과 공법의 차이를 설명한다.

공법은 평균 수확량을 조사해 조세의 기준을 결정하는 방법이다. 공법이 실시되면 흉년에 문제가 심각해진다. 먹을 것도 부족한데 조세 기준에 맞추어 세금을 내니 백성들의 삶이 어려워지는 것이다. 결국 부족한 부분을 나라에서 빌려 줄 경우, 다음 해에 이자까지 빼앗아 가니 백성들의 형편은 더욱 나빠지게 된다.

백성들이 자기 자식과 부모조차 부양할 수 없는 나라라면, 그 나라의 임금은 백성의 부모라고 할 수 없다. 백성들의 삶을 안정시킬 수 있는 조세법은 왕도 정치를 실현할 구체적인 방법이다. 따라서 하루라도 늦출 수 없는 중요한 문제다. 그러나 조세와 관세는 나라의 중요한 수입원이었기 때문에 지배층은 이를 쉽게 받아들이지 못했다.

　송나라 대부 대영지(戴盈之)가 말했다. "10분의 1 세금을 받는 것과 국경과 시장에서 조세를 없애는 것을 올해 한꺼번에 할 수는 없습니다. 조금씩 줄여 나가면서 내년쯤 되어 없애면 어떻겠습니까?"
　맹자께서 말씀하셨다. "어떤 사람이 날마다 그 이웃의 닭을 훔치는데, 누군가가 '이것은 군자의 도가 아닙니다.'라고 하자 '그럼 조금씩 줄여서 한 달에 한 마리씩 닭을 훔치고 내년쯤 되면 그만두겠소.'라고 말하였다 합니다. 만일 자신의 행동이 의가 아닌 줄을 알았다면 당장 그만둘 것이지 어째서 내년을 기다리겠습니까?"

〈등문공(滕文公) 하 8〉

　잘못된 조세법 때문에 백성들이 괴로워하는데도 즉시 고치지 않는 것은 닭을 훔치면서도 적게 훔치면 된다고 생각하는 것과 같다. 결국 의롭지 못한 행동을 계속하게 되는 것이다. 그러므로 세금을 걷는 데도 원칙이 있다.

　세금에는 직물과 실로 받는 세금, 곡식으로 받는 세금, 노동력으로 받는 세금이 있다. 군자는 그 가운데 한 가지만 내게 하고 나머지

두 가지는 뒤로 미루어 준다. 두 가지를 한꺼번에 걷으면 굶주려 죽는 백성이 생기고, 세 가지를 한꺼번에 걷으면 아비와 아들이 뿔뿔이 흩어지게 된다.

〈진심(盡心) 하 27〉

보통 직물이나 실로 바치는 세금은 누에치기가 끝난 여름에, 곡식으로 받는 세금은 추수한 가을에, 노동력으로 받는 세금은 농한기인 겨울에 걷는다. 때를 달리 하는 것은 백성들이 안정되게 생업에 종사하도록 하기 위해서다. 각각의 세금을 한꺼번에 받는다면 백성들은 세금을 내느라 생계를 유지하기 힘들어질 것이다. 그렇기 때문에 올바른 정치는 반드시 때에 맞춰서 한 가지씩만 받는 조세 정책을 써야 한다.

이렇게 기본 조세 제도를 잘 정비하여 백성들의 삶을 지원해 준다면 사회는 안정될 것이다. 토지 제도, 조세 제도 같은 경제 제도를 잘 갖추어 놓는 것이 바로 올바른 정치를 실천하는 방법이다. 백성들의 삶이 편안하지 않다면 사회는 발전할 수 없기 때문이다. 그러나 이것으로 왕도 정치가 끝나는 것은 아니다.

왕도 정치의 완성

제나라 선왕이 물었다. "왕도 정치에 대해 말씀해 주실 수 있는지요?"

맹자께서 대답하셨다. "옛날 문왕이 기(岐) 땅을 다스릴 때 일입니다. 문왕은 경작지에 9분의 1 세금을 매기셨고 벼슬한 사람에게는 대대로 녹을 주었으며, 관문과 시장에서는 살피기만 하고 세금은 걷지 않았습니다. 물고기 잡는 것을 금지하지 않았고, 죄인의 처자까지 처벌하지 않았습니다. 늙고 아내가 없는 사람을 홀아비라 하고 늙고 남편이 없는 사람을 홀어미라 하고 늙고 자식이 없는 사람을 외로운 사람이라 하고 어리고 부모가 없는 사람을 고아라고 하는데, 이 네 부류의 사람들은 세상의 곤궁한 백성들로 호소할 데도 없는 사람들입니다. 문왕은 정치를 하시며 인정을 베푸실 때 이 네 부류의 사람들을 먼저 돌보았습니다."

〈양혜왕(梁惠王) 하 5〉

왕도 정치에 대해 묻는 제나라 선왕에게 맹자는 문왕의 정치 이야기를 들려준다. 문왕의 왕도 정치는 크게 두 가지로 나뉜다. 하나는 백성의 생활을 안정시킬 수 있는 여러 조치를 취한 것이고, 다른 하나는 외롭고 힘들게 사는 사회의 약자들을 돌본 것이다. 경제 차원에서 사회 제도를 갖추는 것 못지않게 사회의 약자를 보호하는 정치도 이루어져야 제대로 된 왕도 정치라고 할 수 있다.

백성들의 생활이 풍족해지는 것만이 왕도 정치의 목표는 아니다. 왕도 정치의 진정한 목표는 백성들이 풍족하게 생활할 수 있도록 하고 나라의 부를 넉넉하게 할 뿐만 아니라 사람들이 도덕적으로 살 수 있는 사회를 만드는 것이었다. 백성들의 생활을 안정시킬 토지 제도나 조세 제도를 시행하는 것도 결국에는 백성들의 마음을 선하고 올바른 데로 이끌어 가기 위한 방법에 지나지 않는다.

맹자는 경제 문제를 도덕적인 정치를 위한 실천 방법으로 생각했던 것이다. 올바른 정치는 정전제를 통해 토지를 고르게 나눠 주고 적절한 조세 제도를 통해 백성들의 부담을 덜어 주는 정책으로 실현될 수 있다. 그러나 이런 제도들은 백성들이 풍족하게 살 수 있도록 도와주는 사회의 기본 안전 장치일 뿐이다. 기본이 갖추어진 사회가 나아가야 할 다음 단계는 사회의 약자를 보호하고 모두가 선하고 바르게 사는 도덕적인 사회를 만드는 것이다. 민생 안정의 목적은 백성들이 어질게 되는 데 있다.

논밭을 잘 가꾸도록 해 주고 세금을 줄여 주면 백성들은 부유해진다. 먹는 것을 때에 맞게 하고 쓰는 것을 예에 맞게 하면 재물은 다 쓸 수도 없을 정도로 넉넉하게 될 것이다.

물과 불은 하루라도 없으면 살아갈 수 없는 중요한 것들이다. 날이 저물 무렵에 남의 집 문을 두드려 물과 불을 달라고 하면 누구라도 주지 않는 사람이 없는 것은, 물이나 불이 쓰고 남을 정도로 풍부하기 때문이다. 성인(聖人)이 천하를 다스린다면, 곡식이 물과 불 같이 풍부하게 될 것이다. 곡식이 물과 불처럼 풍족하게 된다면, 모든 백성들이 어질게 될 것이다.

〈진심(盡心) 상 23〉

백성들이 어질게 되는 것이 바로 왕도 정치의 진정한 완성이다. 그러니 백성들의 삶이 안정되는 것은 왕도 정치의 시작일 뿐이다. 백성들이 어질게 되려면 생활도 안정되어야 하지만, 백성들을 바르게 이끌 교육도 이루어져야 한다. 그래서 경제 안정이 이루어진 뒤 왕도 정치의 다음 단계는 바로 교육이다.

5이랑의 토지에 뽕나무를 심으면 50세 노인이 비단옷을 입을 수 있습니다. 개나 닭, 돼지 등을 기를 때 새끼 칠 시기를 빼앗지 않으면 70세 노인이 고기를 먹을 수 있습니다. 100이랑의 농지에서 농사철을 빼앗지 않으면 식구 많은 가족들이 굶주리지 않을 수 있습니다.

학교에서 가르침을 신중하게 하고 효도와 우애를 반복해서 가르친다면, 머리 희끗한 노인이 길에서 짐을 지고 가는 일이 없을 것입니다. 70세 노인이 비단옷을 입고 고기를 먹으며, 젊은이들이 굶주리지 않고 춥지 않은데도 왕도를 행하지 못한 왕은 없습니다.

〈양혜왕(梁惠王) 상 3〉

토지 제도나 관세 제도 등을 정비해서 백성의 생활을 안정시키고 난 뒤에는 학교를 지어 백성들을 가르쳐야 한다. 백성의 삶을 안정되게 하는 진정한 목적이 백성들이 어진 마음으로 살아가도록 하는 데 있기 때문이다. 그래서 학교 교육을 통해 어른을 공경하고 형제 사이에 우애 있게 지내는 사람다운 삶의 길을 익히도록 하는 게 중요하다. 이런 이유에서 맹자는 어질고 바른 정치보다 더 근본인 것은 백성들을 가르치고 변화시키는 것, 즉 교화(敎化)라고 말한다.

상(庠)과 서(序), 학(學)과 교(校)라는 학교를 설치하여 교육을 실시한다. 상은 기른다는 뜻이고, 교는 가르친다는 뜻이다. 서는 활쏘기라는 의미다. 하나라에서는 교라는 학교를 운영했고, 은나라에서는 학교를 서라고 했으며, 주나라에서는 상이라 했다. 배움은 세 나라가 모두 같았으니, 모두 인륜을 밝히기 위한 것이었다. 위에서 인륜이 밝혀지면 아래에서 백성들은 서로 아끼게 될 것이다.

〈등문공(滕文公) 상 3〉

어질다는 말보다 더 근본이 되는 것은 어질다는 소문이 백성들에게 파고드는 것이다. 정치를 잘하는 것보다 더 중요한 것은 백성들을 잘 교화해서 그들의 마음을 얻는 것이다. 정치를 잘하면 사람들이 왕을 두려워하지만, 교화를 잘하면 백성들이 왕을 사랑하게 되기 때문이다. 정치를 잘하면 백성들의 재물을 얻지만, 교화를 잘하면 백성들의 마음을 얻는다.

〈진심(盡心) 상 14〉

맹자는 교육을 통해 사람들이 사람다운 길을 익혀 나가야만 서로 신뢰와 애정이 쌓일 것이라고 본다. 사회 구성원들이 서로를 믿고 아낀다면 사회가 평화롭고 안정될 뿐만 아니라 적이 쳐들어와도 이겨낼 수 있다. 왕도 정치란 바로 이런 것이다. 물질적 풍요와 도덕적인 성숙이 함께 이루어지는 정치다.

4. 백성의 마음이 하늘의 마음–맹자의 민본주의

백성이 가장 귀하다

맹자께서 말씀하셨다. "백성이 가장 귀하고 사직이 다음이며, 임
금이 가장 가볍다."

〈진심(盡心) 하 14〉

우리는 맹자가 말하는 왕도 정치가 물질적인 풍요와 도덕적인 성
숙을 모두 이루려는 정치 방식이라는 것을 알았다. 백성들이 물질적
인 풍요를 누리면서 도덕적으로 성숙해질 때 왕과 국가를 향해 마음
에서 우러난 복종을 할 수 있다. 이것이 바로 국가를 부강하게 하는
힘이다. 따라서 백성들의 생명을 보호하는 일을 최우선으로 삼아 그
들이 스스로 복종하도록 하고, 이들을 도덕적으로 이끄는 교육을 하
는 것이 진정으로 왕이 해야 할 일이다. 맹자는 백성을 가장 귀하게
여기고 그들의 생활을 안정시킬 수 있는 정치를 펼치지 않는 임금은
하늘의 뜻을 저버린 것이기 때문에, 국가(사직)마저 잃게 될 것이라고
경고한다.

결과 주가 천하를 잃은 것은 그 백성을 잃었기 때문이고, 그 백성을 잃은 것은 백성들의 마음을 잃었기 때문이다.

천하를 얻는 데는 원칙이 있으니, 그 백성을 얻으면 곧 천하를 얻을 것이다. 그 백성을 얻는 데는 원칙이 있으니, 백성의 마음을 얻으면 곧 백성을 얻을 것이다. 백성의 마음을 얻는 데는 원칙이 있으니, 백성들이 원하는 것을 해 주고 싫어하는 것을 하지 않는 것이다. 백성이 어진 곳으로 돌아가는 것은 물이 낮은 곳으로 흘러가고 짐승이 들로 내달리는 것과 같이 자연스러운 일이다.

〈이루(離婁) 상 9〉

천하는 힘에 의해 좌지우지되는 전쟁터가 되어서는 안 된다. 천하를 얻고 잃음은 백성의 마음을 얻는가 얻지 못하는가에 달려 있다. 백성의 마음을 얻는 것이 천하를 얻는 가장 기본 방법이다. 맹자는 백성들이 마음을 열고 올바른 정치라고 인정해야 천하가 안정되고, 모두 그 임금 아래로 모여들게 된다고 말한다.

천하를 얻기 위해 백성의 마음을 얻는 방법 또한 분명하고도 간단하다. 백성들이 원하는 것을 할 수 있도록 해 주고, 하려고 하지 않는 것을 억지로 시키지 않는 것이다. 임금은 백성을 단순한 국가의 부속물이나 자신의 종으로 생각해서는 안 된다. 진정으로 그 백성들의 마음에 공감할 수 있어야 올바른 정치를 행할 수 있다.

백성의 의식주를 보살피고 백성의 마음에 공감하는 정치를 한다면, 백성들은 물이 아래로 흐르듯이 자연스럽게 올바른 정치를 행하는 임금에게 몰려들게 될 것이다. 그러므로 도덕적인 정치는 정권을 오랫동안 유지하고 발전시킬 수 있는 가장 올바른 방법이기도 하다.

　그러므로 결국 연못에서 물고기를 모는 것은 물고기를 위협하는 수달이요, 숲으로 새를 몰아넣는 것은 새를 위협하는 매요, 어진 임금이었던 탕왕과 무왕에게로 백성을 몰아준 자는 폭군이었던 걸과 주였다.

　지금 천하의 임금 가운데 어진 것을 좋아하는 자가 있으면 제후들이 모두 그를 위하여 백성들을 몰아다 줄 것이니, 왕 노릇을 않고자 해도 안할 수 없을 것이다. 지금 왕 노릇을 하고자 하는 자를 보면 7년 묵은 병을 고치려고 3년 말린 쑥을 구하는 셈이다. 쑥을 미리 말려 두지 않으면 죽을 때까지 얻지 못할 것이다. 인에 뜻을 두지 않으면 죽을 때까지 근심하며 욕을 당하다가, 죽음과 멸망의 구렁텅이에 빠지게 될 것이다.

〈이루(離婁) 상 9〉

　백성들의 원망을 받는 왕은 살아남을 수 없다. 어진 왕 밑에 백성을 모이게 하는 것은 폭정을 일삼는 왕이다. 백성들이 따르지 않는 왕은 결국 망할 수밖에 없다. 맹자는 더 나아가 올바른 왕 노릇을 하기 위해서는 백성들에게 동의를 얻고 나서 정치를 해야 한다고 말한다.

제나라 선왕이 말했다. "어떻게 하면 자질 없는 신하를 알아내어 없앨 수 있겠습니까?"

맹자께서 말씀하셨다. "임금이 어진 사람을 등용할 때는 어쩔 수 없이 그렇게 하는 듯해야 합니다. 낮은 자리의 관리를 높은 자리로 보낼 경우도 있고, 잘 알지 못하는 신하를 친한 신하보다 먼저 등용할 때도 있을 테니 신중하지 않을 수 있겠습니까?

주변에서 모두 현명하다고 하는 것으로도 부족하고 모든 대부가 현명하다고 해도 부족합니다. 온 나라 백성들이 현명하다고 한 뒤에 그 현명함을 살피고 나서 등용해야 합니다.

주변에서 모두 안 된다고 해도 듣지 말고 모든 대부들이 다 안 된다고 해도 듣지 말며, 온 나라 백성들이 모두 다 안 된다고 한 뒤에야 안 되는 이유를 살펴보고 나서 그를 물러나게 해야 합니다.

주변에서 모두 죽여야 한다고 해도 듣지 말고 모든 대부들이 다 죽여야 한다고 해도 듣지 말며, 온 나라 백성들이 모두 다 죽여야 한다고 한 뒤에야 죽여 마땅한지를 살펴보고 죽여야 할 것입니다. 그렇게 한다면 백성의 뜻으로 없앤 것이 됩니다. 이렇게 한 다음이라야 비로소 백성의 부모라 할 수 있습니다."

<양혜왕(梁惠王) 하 7>

모두가 알고 있지만 맹자가 활동하던 당시는 강한 왕권이 모든 것을 지배하던 시대였다. 이런 시대에 맹자는 백성들의 동의를 얻는 것이 정치의 기본이라고 말한다. 이는 백성들의 마음이 곧 하늘의 마음이라는 신념 때문이었다. 맹자를 비롯한 유가들은 백성의 마음이 곧 하늘의 마음이라고 믿었다. 우리가 흔히 하는 말로 '민심이 곧 천심'인 것이다. 왕에게 왕의 자격을 주는 것은 사람이 아니라 하늘이고, 이 하늘의 뜻이란 다름 아닌 바로 백성의 뜻이다.

백성의 마음이 하늘의 마음

만장(萬章)이 물었다. "요임금이 천하를 순임금에게 주었다는 것이 사실입니까?"

맹자께서 말씀하셨다. "아니다. 천자라고 해서 천하를 다른 사람에게 줄 수는 없다."

"그러면 순임금이 천하를 다스리게 된 것은 누가 주어서입니까?"

"하늘이 준 것이다."

"하늘이 주었다면 하늘이 자세한 말로 명령을 내리신 것입니까?"

"아니다. 하늘은 말을 하지 않는다. 행동과 하는 일로써 표현해 줄 뿐이다."

"행동과 일로써 표현한다는 것은 어떻게 하는 것입니까?"

"천자는 하늘에 사람을 추천할 수는 있지만, 하늘이 그를 천자로 인정하도록 하지는 못한다. 제후는 사람을 천자에게 추천할 수는 있지만, 천자가 그를 제후로 임명하도록 하지는 못한다. 대부는 사람을 제후에게 추천할 수는 있지만, 제후가 그를 대부로 삼도록 하지는 못한다.

옛날 요임금이 순을 하늘에 추천했더니 하늘이 이를 받아들였고, 그를 백성들 앞에 내보였더니 백성들이 받아들인 것이다. 그래서 하늘은 말을 하지 않고 행동과 하는 일로써 그 뜻을 표현한다고 하는 것이다."

"그를 하늘에 추천했더니 하늘이 그를 받아들였고, 그를 백성들에게 보였더니 백성들이 그를 받아들였다는 것은 무슨 말씀입니까?"

"그로 하여금 제사를 지내게 하였는데 모든 신이 기꺼이 그가 드리는 제사를 받으니, 이것은 하늘이 그를 받아들인 것이다. 또 그로 하여금 나랏일을 보게 했더니 일이 잘 다스려지고 백성들이 편안하게 살게 되었다. 이것은 백성들이 그를 받아들인 것이다.

하늘이 그에게 천하를 주었고 백성들이 그에게 천하를 주었기 때문에 '천자는 천하를 남에게 주지 못한다.'고 하는 것이다.

　순임금은 요임금을 28년 동안이나 도왔다. 이는 사람이 할 수 있는 일이 아니라 하늘이 그렇게 하도록 한 것이다. 요임금이 돌아가시고 삼년상을 지내게 되자 순임금은 요임금의 아들인 단주(丹朱)가 왕의 자리에 오를 수 있도록 남쪽으로 몸을 피했다. 그러나 임금을 만나러 오는 천하의 제후들은 요임금의 아들에게 가지 않고 순임금에게로 왔고, 소송을 제기하는 자들도 요임금의 아들에게 가지 않고 순임금에게로 왔으며, 덕을 찬양하여 노래하는 자들도 요임금의 아들을 찬양하여 노래하지 않고 순임금을 찬양하여 노래했다. 그러므로 이것을 하늘이 시킨 일이라고 하는 것이다.

　이렇게 된 뒤에 순임금은 중원으로 돌아와서 천자의 자리에 오르고 요임금의 궁전에서 살게 된 것이다. 만약 순임금이 요임금의 아들을 짓누르고 천자의 자리에 올랐다면, 그것은 빼앗은 것이지 하늘이 준 것이 아니다.

　《서경》〈태서(泰誓)〉에 '하늘이 보되 우리 백성을 통해서 보고, 하늘이 듣되 우리 백성을 통해서 듣는다.'고 한 것은 이를 두고 한 말이다."

〈만장(萬章) 상 5〉

어진 정치를 펼친 요임금은 나이가 들어 권력을 넘겨야 할 때에 그 자리를 아들에게 넘기지 않았다. 대신 충실한 신하였던 순에게 왕권을 넘겼다. 순은 왕위가 부담스러워 잠시 몸을 숨기기도 했지만, 사람들은 어질고 현명한 순임금을 찾아 정치를 맡기고자 했다.

이처럼 하늘은 백성들을 통해 자신의 뜻을 나타낸다. 하늘은 어떤 소리로 천하에 명령하지 않고, 백성들의 마음을 움직여 그 뜻을 보여 준다. 그래서 백성의 마음이 곧 하늘의 마음이 된다. 백성을 통해 나타나는 하늘의 뜻을 하늘의 명령이라는 뜻에서 천명(天命)이라고 한다.

> 《시경》에 '주나라는 비록 오래된 나라이나 하늘이 내린 명령은 새롭도다.'라고 했는데, 이는 문왕을 이르는 것입니다. 왕께서 힘써 행하시면, 왕의 나라 또한 새로워질 것입니다.
>
> 〈등문공(滕文公) 상 3〉

주나라는 비록 오래된 나라지만 하늘의 명령이 주나라에 새롭게 내려졌기 때문에 권력을 유지할 수 있었다는 내용이다. 그러므로 정치의 성공과 실패를 마지막으로 판단하고, 권력이 정당한가 아닌가를 결정하는 것은 권력을 가진 사람이 아니라 바로 하늘이다.

맹자는 인간과 자연을 모두 아우르는 거대한 힘의 근원인 하늘을 내세우고, 이로부터 임금과 백성을 하나로 연결했다. 통치술에 관심이 있어 맹자를 만났던 당시 임금들은 하늘이 백성을 통해 자신을 드러내니 백성을 하늘과 똑같이 대하라고 한 맹자의 주장을 듣고 마음의 부담을 느꼈을 것이다. 그런 마음의 부담만으로도 임금은 포악한 정치를 하지 않을 수 있다.

백성을 국가의 재산 정도로 생각하면서 탐욕스런 전쟁을 일으켜 백성을 죽음으로 내몰던 무도(無道)의 시대였음을 생각한다면, 맹자의 이런 생각은 당시로서는 시대를 앞서간 것이었다고 할 수 있다.

즐거움을 백성과 함께

그러므로 훌륭한 임금은 백성에게 생업을 마련해 주되 반드시 위로는 부모를 섬길 수 있게 하고 아래로는 처자를 먹여 살릴 수 있게 하여, 풍년에는 한 해 내내 배부르게 하고 흉년이 들더라도 죽음에 이르지 않도록 했습니다. 그런 뒤에야 백성들을 올바름으로 이끌 수 있기 때문에 백성들이 따라가기가 쉬웠습니다.

〈양혜왕(梁惠王) 상 7〉

이처럼 맹자가 이상으로 생각했던 고대의 훌륭한 왕들은 백성들의 삶을 풍요롭게 해 주었던 사람들이다. 풍족하게 먹고살도록 사회 기반을 닦아 주고, 교육을 통해 올바름을 몸에 익히게 하는 정치야말로 진정한 왕도 정치다. 그러므로 백성들이 안락하게 살 수 있도록 그들의 행복에 관심을 기울이는 것은 왕의 당연한 임무다. 그러나 당시 왕들에게 백성들의 행복은 그다지 큰 관심사가 아니었다.

맹자께서 양나라 혜왕을 만나셨다. 양나라 혜왕이 연못가에 서 있다가 크고 작은 기러기와 사슴들을 보면서 물었다. "어진 사람도 이런 것을 즐깁니까?"

맹자께서 대답하셨다. "어진 사람이라야만 이를 즐길 수 있습니다. 어질지 못한 사람이라면 비록 이런 것을 가지고 있다 하더라도 즐길 수 없습니다.

《시경》에 이런 구절이 있습니다. '누대를 지으려고 할 때에 터를 잡고 일을 시작하니, 백성들이 모여들어 며칠 만에 이루어졌네. 문왕께서 급히 서두르지 말라고 하셔도 백성들이 자식처럼 몰려들었네. 문왕께서 동산에 나오시니 사슴은 제자리에 엎드렸네. 암사슴은 윤기가 흐르고 백조들은 눈부시게 희구나. 문왕이 연못에 나오시니, 아! 가득하구나. 뛰노는 물고기들이여.'

문왕은 백성의 힘으로 누대를 만들고 연못을 만들었지만, 백성들이 도리어 이를 기쁘게 여겨 누대를 영대(靈臺)라 부르고 연못을 영소(靈沼)라 부르며 그 안에 사슴과 물고기들이 있는 것을 즐거워했습니다. 옛날 어진 이는 백성들과 즐거움을 함께 했기 때문에 참으로 즐길 수 있었던 것입니다. 그러나 《서경》〈탕서(湯誓)〉에는 '저 해는 언제 없어질까, 차라리 너와 함께 더불어 망하리라.'라는 말이 있습니다. 백성들이 함께 망하기를 원한다면 비록 누대와 연못과 새와 짐승이 있다 해도 어찌 홀로 즐길 수 있겠습니까?"

〈양혜왕(梁惠王) 상 2〉

맹자와 양나라 혜왕이 정원에서 만났다. 혜왕이 각종 짐승들이 노니는 정원을 보면서 어진 사람도 이런 즐거움이 있느냐고 묻자 맹자는 오직 어진 사람만이 이런 것들을 누릴 자격이 있다고 말한다. 그러면서 어진 임금으로서 백성들의 사랑을 받았던 주나라 문왕의 예를 들어 준다.

문왕은 백성을 사랑하고 아꼈기 때문에, 백성들은 문왕이 정자와 연못을 만들려 하자 스스로 나와서 연못과 정자를 정성껏 지었다. 왕역시 이에 답하여 아름다운 정자와 연못에서 백성과 함께 즐겼다고 한다. 그러나 역사에는 이런 왕만 있었던 것이 아니다.

심한 형벌로 백성들을 죽이고, 무거운 세금으로 백성들의 삶을 힘들게 했던 폭군 걸은 해가 없어져야 자신의 권력이 사라질 것이라고 장담한다. 이런 권력 앞에서 백성들은 '저 해는 언제 없어질까?'라고 한탄하며 절망할 수밖에 없었다.

맹자는 이런 예를 통해 백성이 굶주리고 흩어지는데 나라가 온전할 수 있겠으며, 나라가 불안한데 어떻게 임금이 제자리를 지킬 수 있겠는가라고 묻는다. 맹자는 임금이 관심을 가져야 할 것은 호화로운 정원에서 즐기는 일이 아니라 백성들의 삶이라며, 임금의 관심을 백성들의 삶과 연결한다. 맹자는 비슷한 질문을 한 제나라 선왕에게도 같은 조언을 한다.

제나라 선왕이 별장에서 맹자를 만났다. 왕이 말했다. "어진 이에게도 이런 즐거움이 있습니까?"

맹자께서 대답하셨다. "있습니다. 그러나 백성들이 이런 즐거움을 얻지 못하면 임금을 비난하게 됩니다. 즐거움을 얻지 못했다 해서 윗사람을 비난하는 것도 잘못이지만, 윗사람이 되어서 백성과 즐거움을 함께 하지 못하는 것 역시 잘못입니다.

백성이 즐거워하는 것을 즐거워하면 백성들 또한 그 윗사람이 즐거워하는 것을 같이 즐거워하고, 윗사람이 백성의 근심을 걱정하면 백성들도 또한 윗사람의 근심하는 바를 걱정합니다. 천하가 다 같이 즐거워하는 것을 함께 즐거워하고, 천하가 다 같이 근심하는 것을 함께 걱정하는 것입니다. 그렇게 하고서도 올바른 정치를 하지 못한 사람은 없습니다."

〈양혜왕(梁惠王) 하 4〉

호화로운 별장에서 제나라 선왕이 맹자를 만나 어질고 현명한 사람도 이런 즐거움을 누리며 살 수 있는지 묻는다. 맹자는 그렇다고 대답한다. 그러나 여기에는 조건이 있다. 백성과 자신을 한 몸으로 생각하면서, 백성이 즐거워하는 것을 자신도 즐거워하고 백성들이 걱정하는 것을 먼저 걱정해야 한다는 것이다. 그러므로 문제는 즐거움을 누릴 수 있는가가 아니라 '누구와 함께 즐거움을 누리는가?'다. 맹자는 임금 개인의 즐거움에 관한 물음을 백성들의 삶과 행복에 대한 왕의 책임 문제로 돌려놓는다.

백성의 즐거움과 걱정을 왕이 먼저 생각할 때 비로소 왕의 즐거움과 근심을 백성들도 인정하고 동감하게 된다. 그러나 자신의 즐거움을 위해 백성들을 희생시키거나, 자신의 즐거움만 생각하면서 백성들의 즐거움이나 근심을 외면하면 백성들에게 원망을 듣게 된다. 천하의 즐거움을 자신의 즐거움으로, 천하의 근심을 자신의 근심으로 삼는 자세가 바로 훌륭한 왕의 바른 자세다. 이렇게 백성들과 즐거움을 함께 하는 것을 '여민동락(與民同樂)'이라 한다.

제나라 신하 장포(莊暴)가 맹자를 뵙고 말했다. "제가 왕을 뵈었더니 왕께서 저에게 음악을 좋아한다고 말씀하셨습니다만, 저는 아무런 대답도 하지 못했습니다. 왕께서 음악을 좋아하는 것이 괜찮을까요?"

맹자께서 말씀하셨다. "왕이 지극히 음악을 좋아하신다면 제나라 는 잘 다스려질 수 있을 것입니다."

며칠 후 맹자께서 왕을 뵙고 말씀하셨다. "왕께서 일찍이 장포에 게 음악을 좋아하신다고 말씀하셨다는데, 그런 일이 있으십니까?"

왕이 얼굴빛을 바꾸며 말했다. "저는 고대 훌륭한 왕들의 음악을 좋아하는 것이 아니라 단지 세속의 음악을 좋아할 뿐입니다."

"왕께서 그처럼 음악을 좋아하신다면 제나라는 잘 다스려질 수 있 을 것입니다. 지금의 음악은 예전의 음악과 같은 것입니다."

"왜 그러한지요?"

"혼자서 음악을 즐기는 것과 사람들과 더불어 음악을 즐기는 것 가운데 어느 쪽이 더 즐겁겠습니까?"

"사람들과 함께 듣는 것이 더 즐거울 것입니다."

"몇몇 사람들과 함께 음악을 즐기는 것과 많은 사람들과 함께 음 악을 즐기는 것 가운데 어느 쪽이 더 즐겁겠습니까?"

"많은 사람들과 함께 하는 것이 더욱 즐거울 듯합니다."

"제가 왕께 음악에 관해서 말씀드리겠습니다. 지금 왕께서 음악을 연주하신다고 합시다. 그러면 백성들은 종과 북, 피리 소리를 듣고 서 모두들 골치 아파하고 이마를 찌푸리며 서로 말하기를 '우리 임 금은 음악은 좋아하면서 어찌하여 우리들은 돌보지 않는가? 어째서 부자지간에 서로 만나 보지 못하며, 형제와 처자가 흩어지는 지경까지 이르게 한단 말인가?'라고 할 것입니다.

　또 왕께서 사냥을 하시면 백성들은 왕의 수레와 말방울 소리를 듣고 깃발의 아름다움을 보며 모두들 골치 아파하고 이마를 찌푸리면서 서로 말하기를 '우리 임금은 사냥은 좋아하면서 어찌하여 우리들은 돌보지 않는가? 어째서 부자지간에 서로 만나 보지 못하며, 형제와 처자가 흩어지는 지경까지 이르게 한단 말인가?'라고 할 것입니다. 이런 말이 나오는 것은 임금께서 백성과 더불어 즐기시지 않기 때문입니다.

　지금 왕께서 악기를 연주하시면 백성들이 종과 북, 피리 소리를 듣고 모두들 기뻐하면서 서로 '아마도 우리 임금께 걱정 근심이 없으신가 보다. 어쩌면 저리도 음악을 잘 연주하실까?'라고 말할 수도 있습니다. 또 왕이 사냥을 하시면 백성들은 임금의 수레와 말방울소리를 듣고 깃발의 아름다움을 보며, 모두들 기뻐하며 서로 '아마도 우리 임금께 걱정 근심이 없으신가 보다. 어찌하여 저토록 사냥을 잘하실까?'라고 할 수도 있습니다. 이런 말이 나오는 것은 임금께서 백성들과 더불어 즐기시기 때문입니다. 이처럼 임금께서 백성들과 더불어 즐기신다면 올바른 정치를 하실 수 있습니다."

〈양혜왕(梁惠王) 하 1〉

백성들과 즐거움을 함께 하려는 마음만 있다면 음악이나 사냥을

즐기는 것이 문제가 되지는 않는다. 백성들과 함께 즐거워하는 것, 즉 여민동락의 태도만 있으면 올바른 왕 노릇을 할 수 있다.

임금에게 백성의 생활을 안정시킬 의무와 백성과 함께 즐거움을 나눌 의무가 있다는 말은 개인이 아니라 사회 전체가 이익을 고루 나눌 수 있는 사회가 되어야 한다는 뜻이다. 개인이나 일부 집단만을 위한 즐거움은 제한되어야 하지만, 공동체가 함께 나누는 풍요로움이나 즐거움은 널리 베풀어져야 한다.

혁명은 백성의 뜻

양나라 혜왕이 말했다. "저는 마음을 다해 가르침을 받고자 합니다."

맹자께서 대답하셨다 "몽둥이로 사람을 죽이는 것과 칼로 사람을 죽이는 것에 차이가 있습니까?"

"차이가 없습니다."

"그렇다면 칼로 죽이는 것과 정치로 죽이는 것에는 차이가 있습니까?"

"차이가 없습니다."

"푸줏간에 고기가 가득하고 마구간에는 살찐 말들이 있는데, 백

성의 얼굴에는 굶주린 기색이 짙고 들에는 굶어 죽은 시체가 있다면
이는 짐승을 몰아다가 사람을 먹게 하는 것과 다름이 없습니다. 사
람이라면 짐승끼리 서로 잡아먹는 것도 차마 보지 못하는데, 정치를
하면서 짐승을 몰아다 사람을 해치는 상황을 만든다면 어찌 백성의
부모가 될 수 있겠습니까?"

〈양혜왕(梁惠王) 상 4〉

백성과 함께 하기 위해 왕은 먼저 자신을 백성들의 부모라고 생각
해야 한다. 백성을 이끌고 먹이는 부모 같은 사명감과 책임감을 갖지
않은 자는 왕이 될 자격이 없다. 이런 맹자의 생각은 당시로서는 상
당히 앞선 것이었다. 백성들을 보호할 아무런 사회 장치도 없는 상황
에서 임금의 폭력 정치를 막을 토대를 마련하는 것일 뿐만 아니라 폭
력 정치를 막을 방법을 제시하는 주장이기도 했다.

제나라 선왕이 물었다. "신하였던 탕왕이 걸왕을 몰아내고, 또 신
하였던 무왕이 주왕을 정벌했다고 하는데 그런 일이 있었습니까?"
맹자께서 대답하셨다. "경전에 기록되어 있습니다."
"신하가 자기 임금을 죽여도 괜찮습니까?"
"인을 해치는 자를 적(賊)이라 하고, 의를 해치는 자를 잔(殘)이라
합니다. 이렇게 잔적을 일삼는 사람은 일개 지아비입니다. 일개 지

아비인 주를 베었다는 말은 들었어도 임금을 죽였다는 말은 듣지 못했습니다."

〈양혜왕(梁惠王) 하 8〉

　　제나라 선왕은 신하가 감히 왕을 몰아낼 수 있는가에 대해 묻는다. 신하였던 탕과 무가 하나라 폭군 걸이나 은나라 폭군 주를 죽이고 왕위에 오른 일이 정당한가를 물은 것이다. 이 사건을 보는 맹자의 입장은 다르다. 탕왕이 걸을 몰아내고 무왕이 주를 죽인 것은 단순히 신하가 임금을 죽인 사건이 아니다.

　　먼저 생각해야 할 것은 밀려난 왕이 어떤 인물이었는가 하는 점이다. 걸이나 주는 남의 생명을 하찮게 여겼던 폭군이었다. 이들이 왕위에 있었을 때 나라는 위태로웠고, 천하를 다스리던 하나라나 은나라의 권위는 땅에 떨어졌다. 즉, 이들은 임금의 도리를 행하지 않은 폭군이었다. 맹자의 표현에 따르면 인과 의를 해치는 잔적이었을 뿐이다. 잔적을 일삼는 인간은 비록 임금이라 해도 진정한 임금이라고 말할 수 없으니, 왕이 아니라 일개 지아비일 뿐이다. 그러니 탕왕과 무왕이 한 일은 신하로서 왕을 죽인 것이 아니라 잔적을 일삼는 일개 지아비를 죽이고 올바른 왕도 정치를 실현하려고 한 것일 따름이다.

　　맹자가 생각하는 두 번째 조건은 '그렇다면 누가 폭군을 심판하는

가?'에 대한 것이다. 맹자는 공손추(公孫丑)라는 제자에게 이에 대해 설명한다.

공손추가 물었다. "이윤이 '나는 임금이 정당한 도리를 따르지 않는 것을 보고 있을 수 없다.' 하고 태갑(太甲)을 동(桐) 땅으로 추방했더니 백성들이 크게 기뻐했고, 그 뒤에 태갑이 어진 사람이 되자 다시 돌아오게 했더니 백성들이 또한 기뻐했다고 합니다. 현자는 남의 신하라는 신분으로 섬기는 임금이 어질지 않다고 쫓아낼 수 있는 것입니까?"

맹자께서 대답하셨다. "이윤과 같은 마음이 있으면 괜찮지만, 이윤과 같은 마음이 없다면 그것은 강제로 빼앗은 것이다."

〈진심(盡心) 상 31〉

이윤은 탕왕을 도와서 폭군인 걸을 물리치고 은나라를 세우는 데 큰 공을 세운 인물이다. 그는 태갑이라는 왕이 도에 어긋나는 정치를 해서 나라가 위태롭게 되고 백성들의 삶이 고통스러워지자, 태갑을 동 땅으로 쫓아내고 은나라를 대신 다스린다. 공손추는 이런 일, 즉 신하가 임금을 쫓아내고 나라를 다스리는 일이 가능한가를 묻는다.

맹자는 이에 대해 답을 하면서 '이윤과 같이 어진 자라면'이라는 단서를 붙인다. 이윤과 같이 나라를 위하는 뜻이 분명하고 어진 자라면 폭정을 일삼는 왕을 몰아낼 수 있지만, 그렇지 않은 사람은 안 된다는 것이다. 그것은 단순히 불법으로 왕위를 빼앗은 것에 지나지 않기 때문이다.

이 말을 돌려 해석하면 맹자는 어진 이가 백성을 위해 못된 왕을 내쫓는 것은 정당하다고 말하는 셈이 된다. 이런 맹자의 입장을 다른 성을 가진 사람이 하늘의 뜻에 따라 임금이 되는 역성혁명(易姓革命) 사상이라고 한다. 폭군이라면 신하가 그 왕을 몰아낼 수 있다는 사상은 당시 권력자들에게는 매우 위험하게 보이는 사상이었다. 하지만 맹자는 이런 주장도 거침없이 한다. 그 이유는 매우 간단하다. 왕이 바르지 않거나 왕답지 않으면, 왕으로서의 자격이 없기 때문이다.

후대 사람들은 맹자의 이런 발상을 시대를 앞서간 민본주의 사상이라고 평가한다. 백성을 위한 정치를 하지 않는 왕은 천명을 어긴 것이나 마찬가지이므로, 언제든지 도덕적이고 올바른 정치를 행할 사람에 의해 밀려날 수 있다는 주장은 당시 백성의 입장을 대변한 것이기 때문이다.

맹자를 비롯한 당시 유가들이 볼 때 국가란 같은 목적을 가진 사람들이 현실적인 이유에서 모인 공동체가 아니었다. 그들에게 국가란 다 함께 어짊과 올바름을 실현해야 하는 '선의 공동체'였다. 다시 말해 유가들은 정치와 개인의 도덕적인 삶이 서로 나눠진 게 아니라고 보았던 것이다. 그렇기 때문에 도덕적이고 올바른 사람, 즉 성인의 정치를 모범이라고 생각했다.

맹자는 도덕적이고 올바른 정치를 실현해야 하고, 그것이 가능하다고 보았다. 사람을 도덕적인 존재로 보았기 때문이다. 인간은 본성이 도덕적인 가치를 실현하도록 되어 있는 존재, 즉 선한 존재라는 것이 맹자의 생각이다. 그래서 우리가 다루어야 할 다음 문제는 인간의 본성이 선하다고 보는 맹자의 인간관이다.

2부 사람의 선한 본성이 사회를 구한다

– 맹자의 인간 본성론

孟子 2부 사람의 선한 본성이 사회를 구한다 - 맹자의 인간 본성론

　　'사람은 어떤 존재인가?'라는 물음은 시대와 나라에 관계없이 학문의 중요한 주제였다. 사람이 본래 선하다면 본성대로만 살아도 사회가 안정되겠지만, 본래 악하다면 사회는 악한 본성을 다스리고 조정해야 할 것이다. 그래서 사람의 본성에 대한 관심은 사회를 어떻게 이끌어야 하는가라는 문제와 맞닿아 있다.

　　맹자는 사람의 본성이 선하다고 선언한다. 사람의 마음속에 이미 도덕적인 실마리가 갖추어져 있다고 보았기 때문이다. 사람은 누구나 내면에 도덕성의 실마리를 지녔기 때문에 바깥의 규범을 억지로 따를 필요가 없다. 사람에게는 스스로 명령하고 행동의 방향을 결정하는 능력이 있다는 의미다. 법과 규율 같은 강제 규범으로 사회를 통제하려 했던 사상가들과 달리, 맹자는 누구나 마음속의 실마리를 따르면 밖에서 강제하지 않아도 스스로 자기 삶을 완성하고 다른 사람과 조화를 이루며 살 수 있다고 믿었다. 사람의 본성이 선하다는 주장은 맹자로 대표되는 유가 사상의 핵심이며, 이는 동양 사상의 발전에 큰 영향을 주었다.

1. 사람은 누구나 선하다

차마 남에게 모질게 하지 못하는 마음

사람에게는 차마 남에게 모질게 하지 못하는 마음이 있다. 어린아이가 우물에 빠지려 하는 것을 본다면 사람들은 누구나 깜짝 놀라 불쌍히 여기는 마음이 생길 것이다. 이것은 아이의 부모와 친해서도 아니고 동네 사람들과 친구들로부터 칭찬을 들으려는 것도 아니고, 아이의 비명이 싫어서도 아니다.

이로부터 볼 때, 다른 사람의 고통을 불쌍히 여기는 마음이 없다면 사람이라고 할 수 없다. 잘못된 일을 부끄러워하는 마음이 없다면 사람이라고 할 수 없다. 겸손하게 사양하는 마음이 없다면 사람이라고 할 수 없다. 옳고 그른 일을 분별하는 마음이 없다면 사람이라고 할 수 없다.

〈공손추(公孫丑) 상 6〉

지금처럼 우물의 둘레가 높지 않았던 옛날에는 아장아장 겨우 걸음마나 하는 아기들이 깜박 돌보지 않으면 우물에 떨어지는 경우가

종종 있었다고 한다. 바로 눈앞에서 그런 일이 벌어진다고 하자. 보통 사람이라면 이런 때 어떻게 행동할까? 이 아이를 보는 순간 사람들은 누구라도 달려가서 아이를 구하려 할 것이다. 아이를 구하려는 마음에는 아이 부모와의 친분이나 아이를 구한 후에 얻게 될 명예 같은 것은 들어 있지 않다. 나와 아무런 관계가 없는 아이라도 달려가 당장 그 아이를 구하려는 마음, 그 마음을 맹자는 '차마 남에게 모질게 하지 못하는 마음[불인인지심(不忍人之心)]'이라고 부른다.

차마 남에게 모질게 하지 못한다는 것은 남을 해치거나 남이 고통받는 것을 보지 못한다는 의미다. 맹자는 이 차마 남에게 모질게 하지 못하는 마음이 누구에게나 있다는 사실에서 누구나 마음속에 선한 실마리를 갖고 있다는 결론을 이끌어 낸다. 어떤 사람이든 우물에 떨어지는 아이를 못 본 체하지 못하는 것은 마음속에 선한 본성의 실마리가 있기 때문이다.

불쌍히 여기는 마음은 인(仁)의 실마리이고 부끄러워하는 마음은 의(義)의 실마리이며, 사양하는 마음은 예(禮)의 실마리이고 옳고 그름을 분별하는 마음은 지(知)의 실마리다. 이 네 가지 실마리가 내 안에 있는 것은 마치 나에게 팔다리가 있는 것과 같다. 이 네 가지 실마리는 불이 처음 타오르고 샘이 처음 솟아나는 것과 같아서 그것을 넓히고 채울 수 있다면 온 천하를 지키기에 충분하고, 반대로 그것을 넓히고 채울 수 없다면 제 부모를 모시기에도 부족하다.

〈공손추(公孫丑) 상 6〉

근본이 되는 실마리는 남의 고통을 그냥 지나칠 수 없는 마음 하나다. 그러나 이 실마리는 사람이 처한 상황에 따라 각기 다른 실마리로 나눠진다. 우물에 빠진 아이를 불쌍하게 여기는 마음이 어진 마음의 실마리인 것처럼 부끄러움을 아는 마음, 사양하는 마음, 옳고 그름을 가릴 줄 아는 마음도 실마리의 형태로 사람 마음에 담겨 있다. 그리고 바로 이 네 가지 실마리가 사람을 사람답게 하는 근거가 된다. 다른 동물의 경우 생명은 있지만 이런 마음은 없기 때문이다.

이것이 네 가지 실마리, 즉 사단(四端)이다. 남의 고통을 아파하는 마음인 측은지심(惻隱之心), 부끄러움을 아는 마음인 수오지심(羞惡之心), 예를 아는 마음인 사양지심(辭讓之心), 옳고 그름을 아는 마음인 시비지심(是非之心). 이 네 가지 마음이 바로 사람의 마음속에 실마리로 있는 근본인 것들이다.[1]

---

1) 측(惻)은 다른 사람의 고통에 공감하는 것을, 은(隱)은 다른 사람의 고통을 보고 자신의 마음도 아픈 것을 의미한다. 수(羞)는 자신의 잘못을 부끄러워하는 마음, 오(惡)는 다른 사람의 잘못을 부끄러워하는 마음을 의미한다. 시(是)는 옳은 것을, 비(非)는 그른 것을 말하는데, 시비란 단순히 상황의 옳고 그름이 아니라 도덕적인 판단에서의 옳고 그름을 의미하는 것이다.

네 가지 실마리는 사람의 마음속에 태어날 때부터 자리 잡고 있는 도덕적 감정이라고 할 수 있다. 학습이나 훈련에 의해 강제로 만들어진 것이 아니라 자연스럽게 마음에서 샘솟는 것이기 때문에 타고난 것이라고 볼 수 있다.

그런데 이 도덕적 감정들은 모두 일정한 방향과 목표를 갖는 가능성의 단계라고 보아야 한다. 마음속에 있는 것만으로는 단순한 실마리에 지나지 않기 때문이다. 밖으로 꺼내어 실천하지 않으면 아무 의미가 없다. 실마리로서의 도덕적인 감정은 단순한 가능성일 뿐, 그것을 실현하는가 하지 못하는가는 사람 개개인의 실천에 달려 있다. 사단은 실마리일 뿐이기 때문에 사람들은 노력을 통해 네 가지 도덕 가치인 인의예지(仁義禮智)로 실마리를 실현해야 한다.

> 다른 사람을 불쌍히 여기는 마음이 인이고 부끄러워하고 미워하는 마음이 의이며, 공경하는 마음이 예이고 옳고 그름을 가리는 마음이 지다.
>
> 〈고자(告子) 상 6〉

사단을 바탕으로 해서 밖으로 드러난 실천의 결과가 바로 인의예지다. 예를 들어 남을 불쌍히 여기고 안타깝게 여기는 마음은 어진 행위로 나타나게 되는데, 이렇게 바깥으로 실현된 도덕적인 가치를 인이라고 부른다. 마음속에 있는 인의 실마리를 따라 행동하여 인의 가치가 세워졌다면, 이제 다른 사람에 대한 책임과 애정을 어떻게 실천해야 하는가의 문제를 생각해야 한다. 이것이 바로 의로, 자신이나 남의 잘못을 부끄러워하는 마음을 따르면 의로운 덕이나 의로운 행위로 나타나게 된다. 그래서 맹자에게 의는 '사람이 가야 할 바른 길'이다.

자신에게 경건하고 다른 사람을 존중하는 마음의 실마리에 따라 행동하면, 이를 예라고 부를 것이다. 예란 인을 자기 마음속에 간직한 사람이 행동할 때 겉으로 드러나는 올바름을 말한다. 맹자가 활동했던 시대의 예는 이런 일상의 행동뿐 아니라 제례나 의식까지 포함했기 때문에 일종의 사회 질서이자 문화라는 뜻도 들어 있었다.

또한 도덕적으로 옳고 그름을 판단하는 마음을 따라서 그에 맞게 행동하면, 이를 지라고 부를 수 있다. 지는 단순한 지식이나 지혜라는 의미가 아니다. 지는 옳고 그름을 판단하는 능력이자 이를 실천할 수 있는 능력이기도 하다. 이 네 가지가 바로 사람이 추구해야 할 진정한 가치인 인의예지다. 사람들은 자신이 이미 가지고 있는 도덕적 감정에 따라 실천함으로써 실제 생활에서 인의예지와 같은 가치를 드러내야만 한다.

인과 의, 서로에 대한 사랑과 책임감

인의예지는 동양에서 가장 기본이 되는 도덕 덕목들이다. 맹자뿐 아니라 유가 전체가 중요하게 생각했던 가치이기도 하다. 서양의 고대 그리스 철학자들이 이성이나 정의를 가장 중요한 가치로 생각했다면, 동양의 고대 철학자들은 인의예지를 가장 중요한 가치로 생각했다. 이 네 가지 덕목은 대체로 인과 의 두 가지로 대표된다.

유가 사상가들은 다른 사람을 아끼는 마음이 사회에서 가장 중요한 가치라고 보았다. 그래서 인의예지 가운데서도 인의를, 인의 가운데서도 인을 가장 기본이 되는 가치로 제시한다. 인의는 서로에 대한 사랑과 책임감을 의미한다. 인(仁)은 둘(二)과 사람(人)이 합쳐진 단어인데, 사람과 사람 사이에 맺는 관계를 표현한 말이다. 그래서 사람들 사이에 맺는 관계가 가장 올바를 때, 가까운 가족을 비롯해 다른 사람을 진심으로 아낄 때 바로 인의 상태에 이른다고 본다.

맹자의 제자인 만장이 순임금의 이복동생인 상(象)에 대해 맹자의 의견을 묻는다. 상은 그 어머니와 함께 호시탐탐 순을 죽이려고 한 악인이다. 만장이 왜 천자가 된 순임금이 상을 죽이지 않고 다른 나라를 다스리라고 내주었는지에 대해 묻자 맹자가 대답한다.

어진 이는 아우에 대해 화난 마음을 품지 않고 원망을 담지 않으며, 몸소 사랑할 뿐이다. 몸소 사랑한다는 것은 상대가 귀해지기를 바라는 것이다. 귀해지기를 바라면 그가 부유해지기를 바라게 된다.

〈만장(萬章) 상 3〉

어진 이는 자신에게 잘못을 저지른 사람을 원망하지 않는 관대한 마음을 가지고 있다. 특히 그에게 개선의 여지가 있다면 용서하고 몸소 아끼려 노력한다. 결국 인은 다른 사람에 대한 관대한 마음과 사랑이라고 할 수 있다. 그런 의미에서 인은 성숙한 인격의 바탕이다.

인은 하늘이 주는 존귀한 벼슬이요, 사람에게는 편안한 집이다. 아무도 막지 않는데 인을 행하지 않는다면, 이는 지혜롭지 못한 것이다. 어질지 않고 지혜롭지 못하며, 예가 없고 의가 없으면 남에게 부림을 받게 된다. 남에게 부림을 받으며 이를 부끄러워하는 것은 활 만드는 사람이 활 만들기를 부끄러워하고 화살 만드는 사람이 화살 만들기를 부끄러워하는 것과 같다. 만일 이것이 부끄럽다면 인을 행하는 것이 더 나을 것이다. 인이라는 것은 활쏘기와 같다. 활 쏘는 사람은 자기 몸을 바르게 한 뒤에 활을 쏘기 때문에 쏜 것이 맞지 않더라도 자기를 이긴 사람을 원망하지 않고 돌이켜서 자신을 반성할 뿐이다.

〈공손추(公孫丑) 상 7〉

인을 실천하지 않으면 다른 사람에게 부림을 받게 된다. 인은 사람이 갖추어야 할 가장 기본적인 인격이기 때문이다. 그런 의미에서 인은 자기를 반성하여 발전시키기 위한 능력이다. 인은 유가를 이끈 공자의 핵심 개념이라고 말할 수 있다. 공자의 사상을 계승하고자 했던 맹자가 인을 중요하게 여긴 것은 당연하다. 맹자는 공자보다 한 발더 나아간다. 인과 함께 '마땅한 행위의 기준'이라는 뜻을 지닌 의를 강조한 것이다.

이윤은 변두리 들에서 밭을 갈면서도 요순의 도를 즐거워했으니, 의가 아니고 도(道)가 아니면 천하를 다 주어도 돌아보지 않았고 수레에 4천 필의 말을 매어 준다 해도 거들떠보지 않았다. 의가 아니고 도가 아니면 아주 작은 것이라도 다른 사람에게 주지 않았고 다른 사람에게서 받지도 않았다.

〈만장(萬章) 상 7〉

이 구절에서 맹자는 이윤이 탕왕을 도와 걸을 물리친 것은 사사로운 자기 이익을 구한 것이 아니라 의를 세우고자 한 것이라고 평가한다. 여기서 의는 떳떳함 또는 마땅함을 말한다. 천하와 같이 큰 것은 물론 아무리 작은 것이라도 떳떳하지 않은 것은 받지도 주지도 않았다고 한다. 특히 맹자는 의를 목숨과도 바꿀 수 있는 중요한 것이라고 생각했다.

생선도 먹고 싶고 귀한 음식이라는 곰발바닥도 먹고 싶지만, 둘 다 먹을 수 없다면 당연히 생선이 아니라 더 귀한 곰발바닥을 먹을 것이다. 사는 것도 바라고 의를 추구하는 것도 바라는데 두 가지를 같이 할 수 없다면 삶을 버리고 의를 택할 것이다.

〈고자(告子) 상 10〉

이처럼 맹자가 인과 함께 의를 강조한 것은 그만큼 당시 사회가 혼란했다는 반증이기도 하다. 당시는 사람들이 공동체의 안녕보다는 사사로운 이익을 추구했기 때문에 사회가 몹시 혼란했다. 이런 상황에서 맹자는 인과 함께 올바름의 기준인 의를 세우는 것이 급하다고 생각했다.

그러나 인이나 의는 그 자체로는 실체가 없고 구체적인 행위를 통해서만 실현된다. 인이나 의 같은 가치는 그 가치를 드러내는 행위가 없으면 의미가 없다. 그래서 맹자가 인의를 실천하는 방법으로 제시한 것이 바로 부모에 대한 효도와 형제에 대한 공경이다.

인의 실상은 부모를 섬기는 것이요, 의의 실상은 형을 따르는 것이다. 지의 실상은 이 두 가지를 알아서 거기서 벗어나지 않는 것이요, 예의 실상은 이 두 가지를 조절하고 가꾸는 것이며, 악(樂)의 실상은 이 두 가지를 즐거워하는 것이다.

〈이루(離婁) 상 27〉

사람들은 도가 가까운 곳에 있는데도 멀리서 찾고, 일이 쉬운 곳에 있는데도 어려운 곳에서 찾는다. 모든 사람이 자기 부모를 잘 모시고 어른을 어른으로 대접하면 천하는 화평해질 것이다.

〈이루(離婁) 상 11〉

섬기는 일 가운데 큰 것은 부모를 섬기는 일이다. 지키는 일 가운데 큰 것은 몸을 지키는 일이다. 자기 몸을 불의에 빠뜨리지 않고서 그 부모를 잘 섬겼다는 말은 들었어도 자기 몸을 불의에 빠뜨리고서도 그 부모를 잘 섬겼다는 말은 듣지 못했다. 무슨 일이나 섬기는 일이라고 말할 수 있지만 부모를 섬기는 것이 섬김의 근본이고, 무슨 일이나 자기 몸을 지키는 일이라고 말할 수 있지만 자기 몸을 지키는 일이 모든 지키는 일의 근본이 된다.

〈이루(離婁) 상 19〉

인의 실제 내용은 부모에 대한 효도이고, 의의 실제 내용은 형제에 대한 공경이다. 자기 자신에 대해 책임지는 태도를 바탕으로 부모와 형제를 사랑하고, 이를 사회로 넓혀서 다른 사람들과 올바른 관계를 맺는 것이 인의를 실천하는 방법이다. 인의의 실천은 다른 것이 아니다. 자신에 대한 책임감과 다른 사람에 대한 사랑을 점차 널리 넓혀 가는 일이 바로 인의의 실천이다.

인의예지

사람이 동물과 다른 것은 인의예지를 실현할 수 있기 때문이다. 성인이 보통 사람과 다른 것도 이 인의예지에 대한 실천이 남다르기 때문이다. 그러나 사람이라면 누구나 인의예지를 실천할 수 있는 본바탕을 가지고 있다. 인의예지는 내 마음속에 실현의 예비 단계인 실마리로서 존재하는 것이지 외부에서 가져오거나 들어온 것이 아니기 때문이다.

인의예지는 밖에서 나에게로 녹아 들어오는 것이 아니고, 내가 본래 가지고 있는 것인데도, 사람들이 생각하지 않을 뿐이다. 그러므로 인을 구하면 얻고 버리면 잃는다.

〈고자(告子) 상 6〉

사람이 배우지 않고도 할 수 있는 것을 타고난 능력인 양능(良能)이라 하고, 생각하지 않고도 아는 것을 타고난 지혜인 양지(良知)라고 한다. 배우지 않은 어린아이도 자기 부모를 사랑할 줄 알고, 자라나면 생각하지 않고도 자기 형을 공경할 줄 안다. 부모를 사랑하는 것을 인이라 하고 어른을 공경하는 것을 의라 한다.

〈진심(盡心) 상 15〉

사람들이 부모를 사랑하고 어른을 공경하는 것은 배워서 하는 행동이 아니다. 사람에게는 배우지 않아도, 생각하지 않아도 할 수 있는 능력이 있다. 바로 부모를 사랑하고 어른을 공경하는 도덕적인 능력이다. 그런 의미에서 인의예지는 바깥에 있는 것이 아니라 마음에 본래부터 담겨 있는 것이다. 배우거나 훈련해서 얻는 것과는 다르다.

사람들이 인의예지에 대해서 모르거나, 혹은 이를 행하지 않는 것은 훈련받지 않아서가 아니라 자신 안에 있다는 사실을 생각하지 않아서다. 마음에 있다는 사실을 알고 구하려고 노력하면 현실에서 실현되지만, 있는 줄 모르거나 없다고 생각해서 내버려 두면 당연히 없어지게 된다.

그러므로 사람이 선하다는 말은 사람이 훌륭한 실마리를 갖고 태어났다는 정도의 의미가 아니다. 인의예지라는 가치를 외부의 도움이나 강제 없이 스스로 실현할 수 있다는 뜻이다. 그러나 이 과정에는 사람들 각각의 능동적인 노력이 필요하다. 인의예지는 사람의 바탕일 뿐이지 이미 실현된 것은 아니기 때문이다. 따라서 실천하기 위해 노력하지 않으면 사람이 선하다는 말은 별 의미가 없다.

여기서 우리는 맹자가 사람을 얼마나 신뢰하고 있는지를 알 수 있다. 맹자가 사람들을 신뢰한 바탕에는 사람이 지닌 본래의 도덕적인 마음만이 아니라, 그들을 바르게 교육하면 도덕적인 덕을 실천할 수 있다는 믿음이 깔려 있다. 사람이 훌륭한 존재가 될 수 있는 것은 그가 초인 같은 힘을 가지고 있어서도, 계산에 밝은 예리한 사고력을 가지고 있어서도, 남을 이끄는 지도력이 있어서도 아니다. 다른 사람을 사랑하고 올바르게 행동할 수 있는 도덕적인 실마리가 있고, 그것을 닦을 바탕이 있기 때문이다.

이런 여러 도덕적 감정들이 이미 갖추어져 있기 때문에, 사람은 그 선한 바탕을 가꾸어 자기 국가나 사회가 추구하는 목표의 한 부분을 담당할 수 있다. 힘이나 지혜, 부나 권위가 아니라 도덕적인 마음이 인간을 인간답게 하고 발전시킨다. 그러나 더욱 중요한 것은 이런 가능성이 특정한 사람이나 선택받은 소수에게만이 아니라 모든 사람들에게 열려 있다는 맹자의 주장이다.

모든 사람이 남을 불쌍히 여기는 마음을 가지고 있으며, 모든 사람이 악을 부끄러워하고 미워하는 마음을 가지고 있고, 모든 사람이 공경하는 마음을 가지고 있으며, 모든 사람이 옳고 그름을 가리는 마음을 가지고 있다.

〈고자(告子) 상 6〉

맹자에 따르면 사람에게는 누구나 이러한 마음의 실마리가 있다. 그러므로 외부에서 구하거나 억지로 배울 필요가 없다. 더구나 이 실마리를 모든 사람이 공통으로 가지고 있기 때문에 다른 사람과 서로 공감할 수 있다. 맹자는 이 공감의 능력이야말로 사람을 사람답게 하고 사람의 가치를 높이는 것이라고 했다.

맹자 시대와는 다르지만, 고도로 발달된 사회를 살아가는 우리에게도 이러한 공감의 능력은 꼭 필요하다. 백화점이 무너지고 지하철에 화재가 나고 수해로 마을이 폐허가 되었을 때, 많은 사람들이 성금을 내고 자원 봉사로 고통에 빠진 사람들을 돕는 것을 볼 수 있다. 이는 다른 사람의 고통을 차마 그냥 지나치지 못하고 그 고통에 마음 깊이 공감하기 때문에 할 수 있는 행동이다.

'다른 사람의 고통에 공감하는 마음'의 바탕이 되는 선함은 자기 이익을 바라지 않는 순수한 선이다. 따라서 사회 구성원들이 이런 선함을 계속해서 채우고 넓힌다면 사람들은 사람다운 삶을 살 수 있다. 이런 사람들이 많아질 때 사회가 바람직한 방향으로 흘러간다는 것이 사람과 사회에 대한 맹자의 청사진이었다. 다른 사람의 고통에 공감할 수 있는 사람만이 사람의 길을 갈 수 있고, 이런 사람들이 많아질수록 사회는 안정되고 발전한다. 그러나 맹자 당시에 이런 생각에 동의한 사람은 그리 많지 않았던 것 같다.

악은 어디서 오는가?

맹자의 제자인 공도자(公都子)가 물었다. "고자(告子)는 '본성은 선한 것도 아니고, 선하지 않은 것도 아니다.'라고 합니다. 또 어떤 사람은 '본성이란 선하게 될 수도 있고 악하게 될 수도 있다. 그러므로 문왕이나 무왕이 왕위에 있었을 때는 백성들이 선한 것을 좋아했고, 폭군이었던 유왕(幽王)이나 여왕(厲王)이 왕위에 있었을 때는 백성들이 포악한 것을 좋아했다.'라고 말합니다.

또 어떤 사람은 '본성이 선한 사람이 있고, 선하지 않은 사람도 있다. 그러므로 요를 임금으로 모시면서도 상 같은 사람이 나왔는가 하면, 고수(瞽瞍) 같은 아비 아래 순임금 같은 사람이 나왔고, 주를 형의 아들로 두고 또 임금으로 모시는데도 미자계(微子啓)와 왕자 비간(比干) 같은 사람이 나왔다.'고 말합니다. 지금 선생님께서는 '본성은 선하다.'라고 하셨는데, 그렇다면 이런 견해들은 모두 옳지 않은 것입니까?"

맹자께서 대답하셨다. "사람의 실제 현실을 들여다보면 누구나 선하게 될 수 있는 성향을 가지고 있다. 그러므로 본성이 선하다고 말하는 것이다. 만약 선하지 않은 일을 한다고 해도, 그것은 본바탕이 선하지 않은 탓이 아니다."

〈고자(告子) 상 6〉

공도자의 질문을 통해 우리는 당시에 인간의 본성에 대해 어떤 입장들이 있었는지 살펴볼 수 있다. 첫 번째는 본성에는 선한 요소도 악한 요소도 없다는 주장이다. 두 번째는 사람은 선한 요소와 악한 요소를 모두 가지고 있다는 주장이다. 그래서 어떠한 상황에 처하는가에 따라 결과가 달라질 수 있다고 말한다. 문왕이나 무왕 같은 어진 임금이 세상에 나타났을 때는 백성들도 선하게 살았지만, 폭군이었던 주나라의 유왕이나 여왕 시대에는 백성들도 살기 위해 악해질 수밖에 없었다는 것이다.

두 주장 모두 사람이 어떻게 사는가에 따라 선해질 수도 악해질 수도 있다고 보기 때문에 큰 차이가 없다. 이와는 달리 처음부터 선한 사람과 악한 사람이 결정되어 있다는 주장도 있다. 상은 순임금의 이복동생이고, 고수는 순임금의 아버지다. 순임금은 못된 아버지와 이복동생을 극진히 보살핀 효성 깊은 인물로 알려져 있다.[2]

이에 비해 은나라 말기 폭군 주의 숙부였던 미자계는 주의 포악한 정치를 비판하다가 쫓겨난 사람이고, 비간 역시 주의 친척으로 주를 비판하다가 죽임을 당한 인물이다. 두 사람 모두 폭정에 항거한 의인이라 할 수 있다.

요순 같은 성군 아래서 상이나 고수 같은 악한 인물이 나오고, 주 같은 폭군 아래서 미자계나 비간 같은 선한 인물이 나왔다는 말은 시대나 상황에 관계없이 타고난 선인과 악인이 있다는 뜻이다. 결국 본성이 선한 사람도 있고 악한 사람도 있다는 주장이 된다.

맹자는 이런 여러 입장들에 반대한다. 맹자의 주장은 한결같다. 인간의 본성은 선하다는 것이다. 맹자는 인간의 현실 상황을 잘 들여다보면, 그가 본래 선하다는 사실을 알 수 있다고 말한다. 만약 악해지는 사람이 있다 해도 본바탕이 악하기 때문은 아니라는 것이다.

맹자는 사람의 본성에 대해 낙관했지만, 현실 사회에는 혼란과 갈등이 가득 차 있다. 지구 곳곳에서 전쟁이 한창이고, 주변을 둘러보아도 수많은 범죄가 끊이지 않는다. 악은 어디에서 오는 것일까? 맹자가 살았던 시대에도 다양한 악인이 살았고 악한 행위들이 있었을

---

2) 순의 아버지 고수는 맹인으로 순의 어머니가 일찍 죽자 다시 결혼해서 상을 낳았다. 상과 고수는 순을 죽이기 위해 여러 번 음모를 꾸민다. 순에게 지붕을 고치라고 해서 지붕에 올려 보낸 뒤 아래에서 불을 시르거나, 땅을 파게 하고 위에서 흙으로 덮어 버리는 등 형제나 자식에게 할 수 없는 악행을 저지른 인물들이다. 그러나 순은 그때마다 미리미리 대비해서 지혜롭게 빠져 나왔고, 그 뒤에도 이들을 잘 보살폈다. 어질고 훌륭한 임금이었던 요임금이 이런 순을 등용해서 자신을 잇게 했고, 순임금은 상이 반성하자 나중에 왕위까지 주게 된다.

것이다. 인간이 본래 선하다는 것을 증명하기 위해서는 이런 악의 문제에 대해 맹자도 답하지 않을 수 없었다.

귀와 눈과 같은 감각 기관은 반성하여 생각할 줄 모르기 때문에 외부의 것들에 가려지게 된다. 내 육체의 물질적인 요소가 외부의 사물과 얽히게 되면 외부의 것들에 끌려가게 될 뿐이다.

〈고자(告子) 상 15〉

먼저 맹자는 사람 안에 있는 요인과 바깥 환경이 만나서 문제가 생긴다고 본다. 이런 문제를 해결하는 것은 사람의 생각하는 기능[사(思)]이다. 여기서 '사'는 반성하여 판단하고 생각한다는 뜻이다. 오늘날 흔히 말하는 이성과 같은 구실을 하는 것이다.

그런데 사람에게는 반성하거나 이성에 따르지 않는, 즉 생각할 수 없는 감각 기관이 있다. 눈과 귀 같은 감각 기관은 외부에서 들어오는 것들을 그냥 받아들일 뿐 이성에 따라 생각하거나 판단할 수 없다. 감각 기관은 특히 욕망과 연결되어 있어 바깥 환경 때문에 생긴 욕망을 무조건 추구하는 경우가 많다.

좋은 것을 보면 갖고 싶고 맛있는 음식을 보면 먹고 싶어진다. 감각 기관으로만 바깥 사물을 받아들일 경우 욕망이 자꾸 커져서 원래의 선한 본성이 가려지기 쉽다. 이것이 바로 악이 발생하는 원인이다.

풍년에는 젊은 사람들이 서로 의지하면서 지내지만, 흉년이 들면 난폭해지는 경우가 많다. 그것은 하늘이 사람의 본바탕을 다르게 주었기 때문이 아니다. 마음이 한 곳에 빠져서 그렇게 된 것이다.

〈고자(告子) 상 7〉

인간의 본성이 선한데도 사회에 악이 생겨나고 도덕이 땅에 떨어지는 이유를 맹자는 사회 조건에서 찾는다. 사람은 본래 선하지만, 그가 처한 상황이 그를 악하게 만든다는 것이다.

모든 사람의 마음에 있는 선함의 실마리는 말 그대로 양심에 따르는 훌륭한 사람이 되기 위한 싹과 같다. 이 말은 곧 모든 사람이 선하고 훌륭하게 되지는 않는다는 뜻이다. 또한 그것이 우리 현실이기도 하다. 선의 실마리는 도덕적인 사람이 되기 위한 가능성일 뿐이기 때문에, 선의 실마리를 잘 펼치고 이끌어 진정한 도덕적 가치를 실현하는 사람이 되기까지는 상당한 노력이 필요하다.

사람마다 지닌 선함은 하나의 가능성일 뿐이기 때문에 세상에는 고통과 악이 생겨나게 된다. 모두 다 자기의 선한 본성을 믿고 지키기는 어렵기 때문이다. 이처럼 맹자는 악함이란 사람들이 살아가는 사회 조건에서 나온 것이지 본성에서 나온 것은 아니라고 말한다. 아무리 나쁜 사람도 따지고 보면 그를 그런 사람으로 만든 상황이 있다는 것이다. 그러니 본성부터 악한 사람은 없다.

예를 들어 흉년이 든다거나 전쟁이 일어나면 사람들은 자기를 지키려는 이기심 때문에 남을 해치게 되고, 남의 고통에 공감하는 힘을 잃고 자기 문제만을 걱정하게 된다. 선함은 하늘이 모든 사람에게 내려준 것인데, 사람들이 사회생활을 하는 과정에서 생겨난 이기심과 욕심이 사람과 사회를 악하게 만드는 것이다. 이런 상황을 맹자는 산에 있는 나무에 비유한다.

맹자께서 말씀하셨다. "예전에 우산(牛山)의 나무숲이 무척 아름다웠다. 그러나 큰 나라의 읍 밖에 있어서 사람들이 도끼로 나무를 마구 잘라내니, 어떻게 전처럼 아름다울 수가 있겠는가? 나무들은 밤낮없이 자라나고 비와 이슬이 내려서 새싹은 늘 돋아나지만, 사람들이 소와 양을 끌어다가 풀을 먹여 저렇듯 민둥산이 된 것이다. 사람들은 그 민둥산을 보고 일찍이 좋은 나무가 없었다고 생각하지만, 그것이 어찌 산의 본성이겠는가?

사람이 갖고 있는 본성엔들 어찌 인의의 마음이 없겠는가. 자신의 양심을 잃어버리는 것은 도끼로 찍어 나무를 베어 버리는 것과 같은 것이다. 매일 도끼로 찍어내는데 어떻게 아름다워질 수가 있겠는가?"

〈고자(告子) 상 8〉

제나라 동남쪽에 우산이라는 아주 아름다운 산이 있었다고 한다. 아름다웠던 이 산은 큰 나라가 주변에 들어서자 망가지기 시작했다. 사람들이 와서 도끼로 나무들을 베어 가고 소와 양이 그나마 자란 싹을 다 뜯어먹었기 때문이다. 우산은 결국 민둥산이 되었다. 사람들은 이 산을 보고 민둥산이라고 말하지만 처음부터 그러했던 것은 아니기 때문에, 보기 싫은 민둥산이 이 산의 본모습이라고 할 수는 없다. 사람들의 마음도 이와 마찬가지다.

사람의 마음속에는 인이나 의와 같은 선한 마음이 있지만, 마치 도끼로 나무를 베어내듯 자기의 양심을 스스로 잘라냈기 때문에 더 이상 선할 수가 없다. 이런 일이 반복되면 사람은 짐승 같아지고, 다른 사람들은 그가 처음부터 선한 본바탕이 없었다고 생각하게 된다. 그러나 악한 사람도 처음부터 그러했던 것은 아니기 때문에, 그 사람이 가진 본래 바탕이 나빴다고 할 수는 없다. 맹자는 이처럼 인간의 본성을 선하다고 봤기 때문에 인간의 본성을 해치지 않는 사회가 올바른 사회라는 신념을 내놓았던 것이다.

2. 인의는 마음에 뿌리박혀 있다-고자와의 논쟁

사람의 본성은 버드나무와 같다?

고자가 말했다. "인간의 본성은 버드나무 같은 것이고, 인간이 마땅히 지켜야 할 바인 의로움은 그 나무로 만든 그릇과 같습니다. 인간의 본성으로 인의를 실천하게 하는 것은 버드나무를 가지고 그릇을 만드는 것과 같습니다."

맹자께서 말씀하셨다. "당신은 버드나무의 본성을 그대로 따라서 잔이나 그릇을 만들 수 있습니까? 아니면 버드나무를 해쳐서 잔과 그릇을 만드는 것입니까? 만약 버드나무를 해쳐서 잔과 그릇을 만드는 것이라면 장차 사람을 해쳐서 인의를 실천하게 하는 것이지 않겠습니까? 천하의 사람들을 이끌어서 인의를 해치는 사람이 있다면, 그것은 바로 당신일 것입니다."

〈고자(告子) 상 1〉

맹자가 활동했던 당시에는 맹자 이외에도 여러 사람들이 인간의 본성에 대한 자신만의 사상을 가지고 있었다. 그 가운데 맹자가 가장 비판했던 인물이 바로 고자라는 사람이다. 고자에 대해서는 알려진 바가 거의 없지만, 당시에 맹자와 사상 논쟁을 할 정도였다면 학문의 깊이가 상당한 인물이었던 것 같다.

맹자는 고자와의 논쟁을 통해 인간의 본성에 대한 이론들을 정리하고 발전시켜 나간다. 고자가 주장한 내용의 핵심은 '사람의 본성에는 선한 요소도 악한 요소도 없다.'는 것이다. 고자는 먼저 '인간의 본성은 원래 정해진 것이 아니라 버드나무처럼 사람이 만드는 대로 나타나는 것이다.'라고 주장한다.

고자는 사람의 본성을 버드나무에 비유하고, 인의를 버드나무로 만든 그릇에 비유한다. 그릇이나 잔은 버드나무로 만든 것이 분명하다. 그러나 버드나무 어디를 살펴봐도 그릇이나 잔은 없다. 이 말을 정리해 보면 사람의 본성은 자연 상태인데, 이를 어떻게 가공하느냐에 따라 선해지기도 하고 악해지기도 한다는 말이 된다. 맹자의 주장처럼 사람에게 본래 도덕적인 성향이 있는 것이 아니라 인위적인 과정을 통해 도덕적인 행위가 나온다는 말이다. 한마디로 인이나 의는 외부에서 가르치거나 훈련시켜야만 가능하다는 주장이다. 이런 고자의 생각에 맹자는 반대한다.

맹자는 인간의 본성이 자연 상태라는 점에 동의하면서, 인이나 의와 같은 도덕적인 성향도 그 자연 상태인 본성에서 흘러나오는 것이라고 주장한다. 더불어 인과 의와 같은 도덕적인 성향을 만들어진 것으로 보아서는 안 된다고 말한다. 만약 사람의 선한 행위가 본성에 따라 나온 것이 아니고 교육이나 훈련 과정을 거쳐 나온 것이라면, 그릇을 만들기 위해 버드나무를 해쳐야 하듯이 인간의 본성을 해쳐야 선한 행위가 가능할 것이라고 본 것이다.[3]

다음 논쟁을 들어보자.

> 고자가 말했다. "먹고 마시고 남녀 간에 사랑하는 것이 인간의 본성입니다. 인은 인간의 내부에 있는 것이지 외부에 있는 것이 아니며, 의는 외부에 있는 것이지 내부에 있는 것이 아닙니다."
>
> 〈고자(告子) 상 4〉

고자는 인간의 본성에 인의예지와 같은 도덕적인 성품이 이미 들어 있는 게 아니라고 주장한다. 사람에게 있는 본성은 단순히 먹고 마시고 사랑하는 동물적인 본성일 뿐이다. 고자는 이어서 인은 내부

---

3) 따지고 들어가면 맹자의 주장에는 허점이 있다. 버드나무에서 그릇이 나오는 과정이 아무리 버드나무의 본래 모습을 해치는 일이라 해도 그릇을 만드는 행위 때문에 버드나무라는 본성 자체가 변하는 것은 아니기 때문이다. 버드나무로 그릇을 만드는 과정에서 버드나무의 모양은 바뀌지만, 버드나무가 떡갈나무나 대나무가 되는 것은 아닌 것과 같다. 이런 논리적인 허점이 있지만, 그래도 우리는 맹자의 말을 되새길 필요가 있다. 맹자의 비유가 적절한가 아닌가와 관계없이 맹자는 일관되게 인간의 본성 그 자체에 도덕적인 성향이 들어 있기 때문에 자연스럽게 도덕적인 실천이나 행위가 가능하다고 주장하기 때문이다.

에 있는 것이지만, 의는 외부에 있는 것이라고 인과 의를 구분한다. 인은 사람을 사랑하는 마음으로 사람의 내부에 있고, 의는 사람의 마음 바깥에 있다는 것이다.

사실 고자의 이 얘기는 조금 혼란스럽다. 앞에서 고자는 사람의 본성을 버드나무에 비유하면서 인과 의 같은 도덕적인 성품은 만들어지는 것이라고 말했기 때문이다. 얼핏 모순으로 보이지만, 고자의 주장은 하나다. 도덕적인 성향은 타고나는 것이 아닌 만들어진 결과라는 것이다. 두 사람의 논쟁을 좀 더 들여다보자.

맹자께서 말씀하셨다. "어찌하여 인은 안에 있고 의는 밖에 있다고 하는 것입니까?"

고자가 말했다. "어떤 사람이 나이가 많다면, 나는 그를 연장자로 대접할 것입니다. 그러나 그때 그의 나이 많음이 내 안에 있는 것은 아닙니다. 그것은 마치 저것이 희기에 내가 희다고 하는 것과 같습니다. 외부에 있는 흰 것에 의해 희다고 하는 것이기에 밖에 있다고 말하는 것입니다."

"물론 말이 희다는 것과 사람이 희다는 것은 차이가 없겠지요. 그렇지만 나이 먹은 말의 나이 먹음과 나이 많은 사람의 나이 많음에는 차이가 있지 않을까요? 또 나이가 많은 것을 의라고 합니까, 아니면 나이 많은 이를 대접하는 것을 의라고 합니까?"

고자가 대답했다. "내 동생이라면 사랑하고 진나라 사람의 동생이라면 사랑하지 않을 것이니, 이는 사랑하는 마음이 나에게서 나온 것입니다. 그런 까닭에 인이 안에 있다고 하는 것이지요. 그렇지만 초나라의 어른이나 우리 집안의 어른이나 모두 어른으로 대접합니다. 이는 내가 그들을 어른으로 대접하는 것이 그들이 연장자라는 사실에서 나왔기 때문이지요. 그런 까닭에 의가 밖에 있다고 하는 것입니다."

"진나라 사람이 불고기를 좋아하는 것과 내가 불고기를 좋아하는 것에는 차이가 없습니다. 이렇게 물건에도 사람이라면 누구나 즐기는 바가 있습니다. 그렇다면 불고기를 즐겨 먹는 것 역시 외적인 문제란 말입니까?"

〈고자(告子) 상 4〉

먼저 고자의 생각을 정리해 보자. 다른 논쟁에서 고자는 인이나 의 같은 도덕적인 성품들은 본성에 들어 있는 것이 아니라 외부에서 주어지는 것이라고 말했다. 그런데 여기서는 인은 내부에 있고, 의는 외부에 있다고 말한다.

여기서 고자가 말하는 인이란 다른 존재를 좋아하고 싫어하는 일종의 기호(嗜好), 즉 '무엇인가를 좋아함'의 문제일 뿐이다. 동생을 사랑하는 것은 도덕적인 문제와는 상관없이 자연스럽게 생기는 것인데, 고자는 이를 인으로 본다. 고자가 말하는 인은 맹자가 말하는 도덕적인 성품이 아니라 먹고 마시고 사랑하는 자연스러운 본성이다.

이를 증명하기 위해 고자는 연장자에 대한 공경을 예로 든다. 고자에 따르면 우리가 연장자를 공경하는 것은 우리 마음과는 관계없이 그가 '연장자'이고, 또 나이 많은 사람을 대접하는 사회 관습이 있기 때문이다. 마음에 그를 연장자로 섬기려는 공경심이 원래 있는 게 아니라 외부에 대상이 있기 때문에 공경심이 생긴다는 뜻이다.

고자는 외부에 그러한 대상이 있어서 의에 따른 행동을 한다고 보았기 때문에 의를 바깥에 있는 것이라고 말한다. 또한 그는 흰 물건이 하얀 상태로 밖에 있기 때문에 희다고 말하는 것이지 희다는 판단이 원래 내 마음에 있던 것이 아니듯, 의도 그 대상이 바깥에 있기 때문에 의라는 행위가 나오는 것이라고 말한다.

이에 대해 맹자는 상대에 따라 공경하는 방식이 달라진다고 말한다. 늙은 말이나 늙은 사람이나 모두 나이가 많다는 사실은 같은데, 어째서 사람은 공경하고 말은 공경하지 않느냐는 것이다. 그러니까 '나이가 많다'라는 사실 때문에 공경이 생기는 것이 아니라 마음에서 공경하려는 마음이 스스로 생기는 것이라는 게 맹자의 주장이다. 인과 의는 타고난 것이기 때문에 누가 시켜서 하는 것도 아니고 벌을 받지 않으려고 지키는 것도 아니다. 맹자에게 도덕적인 성향은 본래부터 사람이 지니고 있어서 자연스럽게 흘러나오는 것이다.

본성에 따라 인의를 행한다

맹자의 생각을 인정한다면 새로운 의문이 생긴다. 모든 사람에게 스스로 도덕적인 실천을 할 가능성이 있다면, 왜 실제 생활에서는 사람마다 차이가 생기는 것일까? 외부의 힘 때문에 복종하는 것이 아니라면 왜 사람들은 억지로 법이나 질서를 지키고, 그나마 지키지 않는 사람들도 있는 것일까?

사람이 선하다는 말은 실천하는 사람의 노력이 없으면 아무런 의미도 없다. 이 말은 단지 그럴 가능성이 있다는 의미일 뿐이다. 맹자도 이를 잘 알고 있었다. 다음에 이어지는 맹자와 고자의 대화를 통해 맹자의 이런 생각을 살펴볼 수 있다. 일단 맹자는 고자와는 달리 사람이 본성 이상의 것을 가지고 있기 때문에 동물과 구분된다고 말한다.

고자가 말했다. "타고난 것이 본성입니다."

맹자께서 말씀하셨다. "타고난 것이 본성이라면 흰 것을 희다고 하는 것과 같습니까?"

"그렇습니다."

"그렇다면 흰 깃털이 희다는 것은 흰 눈이 희다는 것과 같고 흰 눈이 희다는 것은 흰 옥이 희다는 것과 같습니까?"

"그렇습니다."

"그렇다면 개의 본성과 소의 본성이 같고 소의 본성과 사람의 본
성이 같다는 말입니까?"

<고자(告子) 상 3>

고자는 살려고 하는 본능에 따라 행동하는 것이 인간이나 동물의
자연스러운 본성이라는 사실을 강조한다. 그리고 도덕적인 성품들은
본성에 속하지 않는다고 말한다.

맹자는 이런 생각에 반대한다. 만약 타고난 그대로의 성향만을 본
성으로 본다면, 동물의 본성과 사람의 본성이 구별되지 않는다. 깃털
도 눈도 옥도 모두 희지만 분명히 차이가 있듯이, 사람도 개도 소도
모두 본성이 있지만 분명히 차이가 있다는 것이다. 사람을 다른 생물
과 구분해 주는 것은 바로 사람만이 본성으로 가진 것, 즉 인의예지
와 같은 도덕적인 성품이다. 사람은 도덕적인 마음을 지녔기 때문에
먹고 마시는 본성만 가진 동물과 구분된다.

그러나 생각해 보면 그 차이가 큰 것은 아니다. 인간이 본래 지닌
도덕적인 성품들은 단순히 실마리로만 있는 것이지 그 자체로 완성
된 것은 아니기 때문이다. 사람은 도덕적인 성품을 마음에 가지고 태
어나기 때문에 짐승과는 구분되지만, 이런 성품은 단지 작은 실마리
에 지나지 않기 때문에 사람들마다 인격의 차이가 생기게 된다.

사람과 짐승의 차이는 매우 작다. 보통 사람들은 본성을 내버려 두지만 군자는 이를 보존한다. 순임금이 여러 가지 일들을 잘 알고 인륜을 자세히 살펴서 안 것은 본성에 담긴 인의에 따라서 자연스럽게 행한 것이지 억지로 인의를 행한 것이 아니다.

〈이루(離婁) 하 19〉

맹자가 보기에 실제로 사람과 동물의 차이는 크지 않다. 그렇지만 사람의 본성 가운데는 동물과 다른 도덕적인 성향이 분명히 있다. 그리고 이것을 잘 지키는가 아닌가에 따라 사람들의 삶은 큰 차이를 보이게 된다. 예를 들어 순임금은 본성을 잘 보존하여 마음에서 우러난 인의를 행한 진정한 성인이다. 순임금은 인의라는 외부 규칙을 그냥 행한 것이 아니라 마음에서 우러난 것을 자연스럽게 따라간 것이다.

여기서 맹자가 말하는 '인의에 따라서 행하는 것'은 본성을 보존하여 이에 따라 행동하는 것이고, 단순히 '인의를 행하는 것'은 인의를 외부에 있는 따라야 할 가치 규범으로 보고 이를 행한다는 것이다. 인의를 행하는 것은 사람의 마음과 관계없이 외부에 존재하는 규범이나 규칙을 그저 지키는 것이다. 이렇게 되면 우리는 어떤 규칙을 지킬 때 마음에서 우러나 스스로 지키지 않고, 남들이 다 하니까 억지로 지키게 될 수도 있다.

인의에 따라서 행한다는 것은 자기 마음속에 이미 들어 있는 도덕적인 본성에 따라 스스로 행한다는 의미다. 다들 남의 눈치나 보며 억지로 규칙을 지킨다면, 모든 사람들이 손해 보는 행동을 피하고 자기 이익만 추구하는 사회가 되기 쉽다.

여기서 우리는 맹자가 고자의 생각에 크게 반대하면서, 고자 때문에 사회 질서가 위태로워질 것처럼 비판하는 이유를 짐작할 수 있다. 의가 외부에 있다는 고자의 주장은 올바른 행위의 기준이 사람의 마음 밖에 따로 있다는 뜻이다. 이렇게 되면 사람들은 외부에 있는 기준을 따라야 한다. 그 결과 규칙이나 규범에 무조건 복종하는 사람이 될 수 있다. 마음에서 우러나와 선하게 행동하는 것이 아니라 밖에 지켜야 할 법도가 있기 때문에 억지로 행하게 되는 것이다. 맹자가 경계한 것이 바로 이런 점이다.

맹자는 사람의 자율성을 강조하기 위해서 인의가 사람의 마음에 원래 있는 본성이라고 주장하는 것이다. 주어진 상황에 억지로 따르는 것은 결코 진정한 도덕이라고 할 수 없다. 또 이렇게 되면 사람은 외부 규범이나 질서의 노예가 될 가능성도 있다. 규범이나 질서, 법의 노예가 되어 억지로 지킨다면 사람을 자율성을 지닌 존재라고 말할 수 없다. 바로 이 점에 맹자 사상의 근본 특징이 있다. 사람이 외부의 간섭 없이도 본성에 따라 도덕적인 행동을 할 수 있다는 말은 곧 사람이 본성 차원에서 자유롭다는 의미이기도 하다. 사람은 이미 도덕적인 실마리와 그 실마리를 바탕으로 능동적인 실천을 할 수 있기 때문에 근본 차원에서는 언제나 독립적이고 자유로울 수 있다. 이처럼 맹자는 인간의 자율성, 혹은 독립성을 믿은 철학자였다.

3. 누구나 요순이 될 수 있다

사람은 누구나 비슷하다

같은 종류인 것들은 서로 비슷하다. 사람도 마찬가지다. 성인도 나와 같은 부류다. 그러므로 용자는 '발의 크기를 모르고 신발을 만들어도 삼태기처럼 만들지는 않는다.'라고 말한 것이다. 신발이 서로 비슷한 것은 천하 사람들의 발이 서로 비슷하기 때문이다.

입에 맞는 맛도 마찬가지니, 사람이라면 누구나 좋아하는 바가 있다. 제나라의 유명한 요리사인 역아(易牙)는 일찍이 사람들의 입이 좋아하는 바를 알아낸 사람이다. 만일 개나 말이 우리와 다른 것처럼 사람들의 입맛이 크게 차이가 난다면, 어째서 사람들이 모두 역아의 맛을 좋아하겠는가. 맛에 대해서는 천하 사람들이 모두 역아에게 기대하는데, 이는 천하 사람들의 입맛이 서로 비슷하기 때문이다.

귀도 마찬가지다. 소리에서는 천하 사람들이 모두 진나라의 유명한 악사 사광(師曠)에게 기대하는데, 이는 천하 사람들의 귀가 비슷하기 때문이다. 눈도 역시 그러하다. 《시경》에 나오는 미인 자도(子

都)의 아름다움을 모르는 이가 없다. 자도의 아름다움을 모른다면, 이는 눈이 없는 것과 마찬가지다. 입에 다 같이 즐겨하는 맛이 있고 귀에 다 같이 즐겨하는 소리가 있고 눈에 다 같이 아름답게 보이는 것이 있다. 그런데 어찌 사람의 마음만 다르겠는가.

사람의 마음에 모두 같은 것은 무엇인가? 그것이 바로 이(理)이고 의다. 성인은 우리 마음이 같다는 것을 먼저 깨달은 사람일 뿐이다. 그러므로 이와 의가 우리 마음을 기쁘게 하는 것은 마치 쇠고기와 돼지고기가 우리 입을 즐겁게 하는 것과 같다.

〈고자(告子) 상 7〉

세상에는 수많은 사람들이 있다. 이들은 각기 얼굴도 다르고 성격도 다르고 생각하는 것도 다르다. 어떤 사람은 선하고 어떤 사람은 악하며, 어떤 사람은 부지런하고 어떤 사람은 게으르다. 그런데도 맹자는 사람들이 같은 본성을 타고난다고 말한다. 사람을 다르다는 측면에서 보면 모든 것이 다르지만, 같다는 측면에서 보면 대부분 비슷하다. 신발이 좋은 예다. 신발 장인이 신발을 만들 때 신을 사람의 치수를 재지 않아도 신발을 만들어 팔 수 있는 것은 사람의 발 크기가 거의 비슷하기 때문이다. 물론 사람마다 차이는 있지만, 삼태기만큼 크게 신발을 만들지는 않을 것이다.

사람들은 신체뿐 아니라 감각 기관도 서로 비슷하다. 맹자는 여기서 한발 더 나아간다. 신체나 감각 기관뿐만 아니라 마음도 비슷하다는 것이다. 사람들의 마음에서 비슷한 것은 바로 도덕적인 성품이다.

사람들의 감각 기관이 좋아하고 싫어하는 것에 큰 차이가 없듯 사람의 마음도 좋아하는 바가 있고, 그것을 사람들이 공통으로 따르게 되어 있다고 맹자는 주장한다. 그렇게 공통으로 좋아하는 바가 바로 이치[이(理)]와 의로움[의(義)]이라는 도덕적 가치다. 여기서 이치란 도덕적인 원리나 이상을 의미한다. 이치라는 말에는 사람들이 따라야 할 올바른 길, 또는 법칙이라는 의미가 있고, 그 핵심에 인이 놓여 있다. 이렇게 인이나 의 같은 도덕적인 성향은 이미 내가 갖추고 있는 것이다.

귀함을 원하는 마음은 사람마다 마찬가지지만, 사람들은 자기 몸에 귀함을 지니고 있으면서도 그것을 생각하지 않는다. 사람들이 귀하게 여기는 벼슬과 같은 것은 진정 귀한 것이 아니다. 힘 있는 재상이 내려준 높은 자리는 그가 다시 빼앗아 갈 수 있다. 《시경》에서 '이미 술에 취했고 이미 덕에 배불렀다.'라고 한 것은 인과 의에 배불렀기 때문에 좋은 술과 맛있는 음식을 바라지 않는다는 뜻이고, 좋은 소문과 모든 사람이 동경하는 명예가 자신에게 갖추어져 있기 때문에 화려한 옷을 바라지 않는다는 의미다.

〈고자(告子) 상 17〉

사람들은 자기 마음에 진정으로 귀한 인의를 갖추고 있는데도 이를 알지 못하고 생각하지 못한다. 그러나 우리 마음에는 인과 의가 이미 있기 때문에 세속의 지위나 부귀영화를 바랄 필요가 없다. 사람들이 좋아하는 것에 큰 차이가 없듯이 사람들이 추구하는 인과 의 같은 도덕적인 성향도 큰 차이가 없다는 말은 사람이 근본에서 같다는 뜻이다. 따라서 훌륭한 인격의 전형인 성인도 나와 비슷하다고 감히 말할 수 있다. 그 사람들은 나보다 먼저 깨달은 사람일 뿐이다.

이는 누구라도 이런 성인과 같은 수준에 이를 수 있다는 말이기도 하다. 맹자는 뛰어난 사람, 선택받는 소수가 아니라 누구라도 자기 본성에 새겨진 선함을 열심히 지켜 나가면 요임금이나 순임금처럼 훌륭한 사람이 될 수 있다고 말한다. 요임금 순임금도 결국엔 우리와 같은 사람이기 때문이다.

제나라 사람 저자(儲子)가 말했다. "왕께서 사람을 시켜 선생님을 감시하게 했습니다. 과연 선생님께서는 다른 사람과 다르십니까?"

맹자께서 대답하셨다. "다른 사람과 다른 것이 무엇이겠는가? 요임금 순임금도 모두 같은 사람일 뿐이다."

〈이루(離婁) 하 32〉

등나라 문공이 세자였던 시절 초나라에서 돌아오다가 다시 맹자를 만났다.

맹자께서 말씀하셨다. "세자께서는 제 말을 의심하십니까? 올바른 도리는 하나일 뿐입니다. 성간(成覵)은 제나라 경공(景公)에게 '성인도 장부며 나도 장부이니, 내가 어찌 성인을 두려워하리요?'라고 말했다고 합니다. 또 안연(顔淵)은 '순임금은 어떤 사람이며, 나는 어떤 사람이냐? 사람이 해야 할 일을 다 한다면 다 순임금과 같을 것이다.'라고 하였습니다."

〈등문공(滕文公) 상 1〉

여기서 맹자는 제나라 신하였던 성간과 공자의 제자였던 안연의 말을 빌어, 인격을 완성한 사람인 성인이나 보통 사람이나 모두 근본은 같다는 점을 강조한다. 맹자는 이렇듯 근본이 같기 때문에 마음만 먹으면 누구라도 성인이 될 수 있다고 말한다. 당시의 눈으로 보면 이는 시대를 앞서간 것이었다. 맹자가 살던 당시에는 계급 구분이 분명하여 신분에 따라 지위가 달랐기 때문이다. 물론 맹자도 계급을 없애자거나 신분을 뛰어넘을 수 있다고 말한 것은 아니다.

그러나 당시 정치는 힘 있는 군주만의 것이었고, 보통 사람은 그저 군주의 명령을 따라야 하는 부속품 같은 존재였다. 학식 있는 선비도 별다를 것이 없었다. 이런 상황에서 맹자는 자신의 도덕적인 본성을 깨닫고 이를 실현하려는 사람은 누구라도 훌륭해질 수 있다고 주장하면서, 몇몇 힘 있는 군주가 행하는 일방적인 지배를 거부한다.

어떤 이가 정치를 할 자격이 있다면, 이는 그의 신분이 높기 때문이 아니라 그가 남보다 더 도덕적이고 훌륭한 인격을 가진 사람이기 때문이다. 현실에서 모든 백성에게 정치와 사회 참여의 길이 열려 있지는 않았지만, 사회를 지배하는 권력의 정당성을 신분이나 계급에 두지 않고 인격이나 도덕성에 두었다는 것이 바로 맹자를 비롯한 유가 사상의 특징이다. 누구라도 성인과 같이 될 수 있다는 맹자의 주장은 당시로서는 매우 앞선 사상이었다.

성인은 만들어진다

맹자께서 말씀하셨다. "둥근 자와 네모난 자는 둥글고 모난 것의 표준이요, 성인은 윤리 도덕의 표준이다."

〈이루(離婁) 상 2〉

요임금이 계시던 시절 천하는 아직 안정되지 않아 홍수가 범람하여 초목이 무성하고, 새와 짐승이 번식하여 오곡이 제대로 여물지 않았다. 그러니 짐승들은 사람에게 달려들었고, 나라 안에는 짐승의 발자국만 가득했다. 이런 상황에서 요임금은 혼자 근심하다가 순임금을 등용해서 다스리도록 하였다.

순임금은 신하인 익(益)을 시켜 불을 관장하게 했는데, 익이 산과 늪의 초목에 불을 질러 태우자 새와 짐승들이 숲으로 도망쳐 숨게 되었다. 우왕은 아홉 강물을 뚫었는데, 제수(濟水)와 탑수(漯水)를 터서 그 물을 바다로 흘러가게 하고 여수(汝水)와 한수(漢水)를 터놓았으며, 회수(淮水)와 사수(泗水)를 밀어내어 그 물을 양자강으로 흘러 들어가게 하였다. 그렇게 한 뒤에야 나라 안이 먹고살 수 있는 상태가 된 것이다. 당시에 우왕은 8년이나 외지를 돌아다니면서 자기 집 앞을 지나갈 기회가 있었지만, 세 번이나 그냥 지나치고 들어가지 않았다고 한다.

또 농사를 관장하던 신하인 후직(后稷)이 백성들에게 농사짓는 법을 가르쳐 오곡이 자라게 되자, 사람들이 그 곡식으로 먹고살 수 있게 되었다.

그러나 사람이 살아가는 데는 도리가 있으니 배불리 먹고 따뜻하게 입고 편안하게 산다 해도 가르침이 없으면 짐승에 가까운 법이다. 성인은 바로 이를 근심하여 신하인 설(契)에게 사도(司徒)의 직책을 주어 인륜을 가르치게 했다.

'어버이와 자식 사이에는 친함이 있어야 하고 임금과 신하 사이에는 의리가 있어야 하며, 남편과 아내 사이에는 분별이 있어야 하고 나이가 많은 사람과 어린 사람 사이에는 순서가 있어야 하며, 친구

사이에는 믿음이 있어야 한다.'는 것이다.

요임금은 설에게 '백성들을 위로해 주고 따라오게 하여 바로잡아 주고 정직하게 만들며, 도와주고 부축해 주어 그들로 하여금 스스로 깨닫게 하고, 또 따라가 구해 주고 은혜를 베풀라.'고 말했다.

〈등문공(滕文公) 상 4〉

요임금과 순임금은 성인의 전형이다. 맹자에게 요임금과 순임금은 단순히 여러 가지 사업을 일으켜서 백성들의 삶을 편안하게 해 준 위대한 임금이 아니다. 요임금과 순임금은 불을 피우고 홍수를 막고 농사짓는 법을 알려 주는 등 많은 일을 했다. 하지만 그보다 중요한 것은 사람의 도리를 가르쳤다는 점이다. 많은 백성들을 편히 살게 한 훌륭한 임금일 뿐만 아니라 자신의 인격을 실현하면서 백성들을 교화한 훌륭한 인물이기도 하다. 맹자는 이런 성인을 목표로 삼아야 한다고 말한다. 특히 정치를 하는 사람들에게 요임금과 순임금은 올바른 모범이기 때문에 더욱더 따라야 할 존재였다.

임금이 되고자 하면 임금의 도리를 다하고 신하가 되고자 하면 신하의 도리를 다해야 한다. 이 두 가지는 모두 요순을 표준으로 한다.

순임금이 요임금을 섬긴 것처럼 임금을 섬기지 않으면 그 임금을 공경하지 않는 것이며, 요임금이 백성을 다스린 것처럼 백성을 다스리지 않으면 그 백성을 해롭게 하는 것이다.

〈이루(離婁) 상 2〉

공자나 맹자 같은 유가들은 인간의 선함을 깨닫고 그 선함을 지키려고 노력하면 성인의 경지에 오를 수 있다고 봄으로써 인간의 가능성을 최대한 신뢰하고 낙관했다. 기독교가 사람을 원죄가 있는 죄인으로 본 것이나 불교가 사람을 고통 속의 존재로 본 것과는 다른 생각이다. 유가가 생각한 인간은 여러 가지 나쁜 조건을 극복하려는 의지만 있으면 얼마든지 훌륭한 삶을 살 수 있는 존재다. 그러나 현실은 그렇게 낙관적이지 않다. 가능성은 누구에게나 있지만, 누구나 그것을 실현하지는 못하기 때문이다.

귀함을 원하는 마음은 사람마다 마찬가지다. 그러나 사람들은 자기 몸에 귀함을 지니고 있으면서도 그것을 생각하지 않는다.

〈고자(告子) 상 17〉

사람들은 자기에게 이미 있는 도덕적인 본성을 잊고 있다. 그래서 성인처럼 스스로를 발전시켜 다른 사람의 모범이 될 수 없는 것이다. 이에 비해 성인들은 특별한 존재이기보다는 끝없이 자신을 반성하며 노력한 사람들일 뿐이다.

공자의 제자인 자로(子路)는 남이 자기의 허물을 일러 주면 기뻐했고, 하나라 성군 우왕은 좋은 말을 들으면 절을 했다. 순임금의 위대한 점은 다른 사람들과 함께 선을 행하면서 자신을 버리고 남을 따랐다는 것이다. 순임금은 남에게 본받을 것이 있으면 본받아 선을 즐겨 행하였으니, 농사짓고 질그릇 굽고 물고기를 잡던 때부터 황제가 되기까지 남에게서 본받지 않은 것이 없었다.

〈공손추(公孫丑) 상 8〉

우왕은 맛있는 술을 마다하고 선한 말을 좋아했으며, 탕왕은 중용을 지키고 어진 이를 등용할 때 신분을 따지지 않았다. 문왕은 백성 보기를 다친 이 돌보듯이 하였고, 올바른 도리를 원하되 마치 못 본 것을 보고 싶어하듯이 했다. 무왕은 가까운 사람들과 지나치게 친하게 지내지 않았으며 먼 사람도 잊지 않았다. 주공은 선대 왕들의 미덕을 따르고자 하여 앞의 네 가지 일을 시행했는데, 당시에 맞지 않는 것이 있으면 하늘을 우러러 밤낮없이 깊이 연구하여 다행히 터득하게 되면 앉은 채 날이 새기를 기다렸다.

〈이루(離婁) 하 20〉

고대의 훌륭한 임금이나 성인들이 태어날 때부터 남들과 다른 특별한 존재였던 건 아니다. 그들은 바르고 좋은 것을 좇으면서 끝없이 자기를 반성하고, 더 나아질 것을 기대하며 밤을 새워 연구하는 노력형 인간이었을 뿐이다. 그들은 남에게 배우기를 마다하지 않았고 부족한 부분에 대한 조언을 싫어하지 않았으며, 자기에게만 도움이 될 욕망들은 버리고자 애썼다. 그런 노력이 있었기에 훌륭한 성인이 될 수 있었다.

자신의 욕망을 누르고 주어진 사회 조건을 극복하려는 노력과 실천은 유가 사상에서 빼놓을 수 없는 것이다. 그 노력과 실천이 어떠했는가에 따라 사람은 달라지기 마련이다. 누구에게나 성인이 될 가능성이 있다고 해서 아무나 성인이 될 수 있는 것도, 성인처럼 행동할 수 있는 것도 아니다. 타고난 자신의 선한 본성을 잘 살려서 인격을 완성하고 이상을 실현하려고 노력해야만 훌륭한 사람이 될 수 있다. 그러나 이 과정은 끝없는 자기 수양과 실천을 필요로 한다.

이렇게 맹자는 사람은 누구나 최고의 경지, 곧 최고선의 경지에 오를 수 있는 가능성이 있다고 말한다. 어렵긴 하지만 끝없이 노력하면 성인이 될 수 있고, 그런 사람이 나와야 사회가 바르게 된다는 신념은 맹자 사상을 비롯한 유학 사상의 핵심이기도 하다.

맹자는 사람의 가능성을 믿으면서 이상과 현실을 아우르고자 했다. 인간의 본성을 믿으면서도 현실에서 이를 실현할 때는 엄격하게 자신을 채찍질하면서 사회에 대한 책임감을 잊지 말아야 한다고 주장한 것이다.

4. 이상적인 인격을 찾아서–대인과 소인

대인과 소인

맹자께서 말씀하셨다. "사람은 자기 몸이면 어느 부분이나 똑같이 아낀다. 똑같이 아낀다는 것은 똑같이 기른다는 것이다. 한 치의 살도 아끼기 때문에 한 치의 살도 기르지 않는 것이 없다. 잘 기르는가 아닌가를 판단하는 데 다른 방법이 있겠는가? 스스로가 결정지을 따름이다.

몸에는 귀한 부분과 덜 귀한 부분이 있고, 큰 것과 작은 것이 있다. 작은 부분 때문에 큰 부분을 해쳐서는 안 되고 덜 귀한 부분 때문에 귀한 부분을 해쳐서도 안 된다. 작은 부분을 기르는 사람은 소인이 되고 큰 부분을 기르는 사람은 큰 덕을 가진 사람, 즉 대인이 된다.

예를 들어 한 원예사가 귀중한 목재인 오동나무와 가래나무를 버리고 쓸모없는 나무인 대추나무와 가시나무를 기른다면 사람들은 그를 어리석다고 할 것이다. 또 손가락 하나를 치료하느라고 어깨나 등에 생긴 병을 알아차리지 못하는 사람이 있다면, 그는 병든 이리

가 뒤를 돌아보지 못하듯이 자신을 반성하여 중요한 것을 택하지 못

하는 사람이다."

〈고자(告子) 상 14〉

사실 성인을 최고의 인격을 갖춘 사람이라고 한다면, 보통 사람에
게는 지나치게 이상적인 존재로 보일 것이다. 물론 몇몇 사람에게만
가능하다고 해서 노력 자체가 의미 없다거나 모두 그렇게 될 필요는
없다고 할 수는 없지만, 일반 사람들이 모두 성인처럼 살 수 없는 건
사실이다. 그래서 맹자는 보통 사람들이 목표로 삼아야 할 인격과 피
해야 할 인격을 대인과 소인이라는 말로 제시한다.

자신의 중요한 부분을 기르고, 또 반성해서 돌아보지 않는 사람은
소인이다. 어떤 능력이 있다 해도 이를 계발하고 성취하고자 노력하
지 않으면, 타고난 능력도 아무런 의미가 없다. 중요한 것을 뒤로 돌
리는 사람에게는 소인이라는 호칭이 어울린다. 반대로 자신에게 있
는 중요한 것을 잘 기르는 사람은 덕이 큰 대인이라고 불릴 것이다.

사람은 소인이 아니라 대인이 되어야 한다. 자신에게 중요한 것
을 스스로 알고 지켜서 큰 덕을 마음에 간직한 대인이 되어야만 훌
륭한 삶을 살 수 있다. 그렇지 못한 사람은 소인의 삶을 살게 될 뿐
이다. 결국 사람은 누구나 이상적인 인간이 될 가능성을 가지고 있지
만, 무엇을 목표로 노력하고 실천하는가에 따라 서로 달라진다. 다음

에 나오는 조교(曹交)의 물음에 대해서도 맹자는 비슷한 방식으로 대답한다.

조교가 물었다. "사람이 모두 요순과 같이 될 수 있다 하셨는데 정말입니까?"

"그렇소."

"제가 듣기로 문왕은 키가 10척이고 탕왕은 9척이라 합니다. 저는 키가 9척 4촌이니 이들과 비슷한데도 곡식만 축낼 뿐입니다. 어찌하면 좋을까요?"

"신체 조건이 비슷한 것이 무슨 상관이겠소. 무엇을 행하느냐가 문제일 따름입니다. 어떤 사람이 새끼 오리 한 마리도 이기지 못한다면 힘없는 사람이겠지만, 300근을 든다면 힘센 사람이겠지요. 그렇다면 진나라 장사 오획(烏獲)과 같이 힘센 사람이 들 수 있는 물건을 든다면, 그 사람은 오획과 같은 사람이 될 것입니다. 사람이 어찌 감당하지 못할 것을 근심하겠소? 다만 하지 않을 뿐입니다.

천천히 걸어서 어른 뒤를 따른다면 공손하다 할 것이고, 빨리 걸어 어른을 앞지르면 공손하지 못하다 할 것입니다. 천천히 가는 것이 어찌 할 수 없는 일이겠습니까? 다만 하지 않을 뿐이지요. 요순의 도도 다른 것이 없습니다. 다만 효제(孝悌)를 행한 것일 따름입니다. 그대가 요임금의 옷을 입고 요임금의 말을 외며 요임금이 행하던 것을 행한다면 요임금처럼 될 것이고, 걸임금의 옷을 입고 걸임금의 말을 외며 걸임금이 행한 것을 행한다면 당신은 걸과 같이 될 뿐입니다."

〈고자(告子) 하 2〉

　여기서 핵심은 두 가지다. 첫째는 사람에게는 할 수 있는 일과 할 수 없는 일이 있는데, 그 가운데 요임금과 순임금처럼 훌륭한 사람이 되는 것은 할 수 없는 일이 아니라 다만 하지 않는 일일 뿐이라는 것이다. 두 번째는 무엇을 목표로 하여 행하는지에 따라 사람이 달라진다는 것이다. 이 둘을 합치면 '사람이 요임금 순임금처럼 되는 것은 할 수 있으나 하지 않는 것일 뿐이고, 요임금이나 순임금처럼 되는 방법은 다만 그들이 행한 것을 따르는 것일 뿐'이라는 말이 된다. 성인인 요임금이 행한 것을 따르면 요임금처럼, 폭군인 걸임금이 행한 것을 따르면 걸임금처럼 되는 것은 당연하다. 사람의 가능성은 누구에게나 열려 있지만, 자기의 가능성을 실현하는가 하지 못하는가는 개인의 선택과 실천에 달려 있다.

　제자인 공도자(公都子)가 물었다. "사람은 모두 같다고 하셨는데, 어떤 사람은 대인이 되고 어떤 사람은 소인이 되는 것은 무엇 때문입니까?"

맹자께서 대답하셨다. "자신의 큰 줄기를 따르면 대인이 되고 작은 줄기를 따르면 소인이 된다."

"사람은 모두 같다 하셨는데, 어떤 이는 큰 줄기를 기르고 어떤 이는 작은 줄기를 기르는 것은 어째서입니까?"

"이목구비와 같은 감각 기관은 생각할 줄 몰라 외부 사물에 가려지기 쉽다. 외부 사물을 접하면 그리로 끌려가게 되는 것이다. 마음이라는 기관은 생각할 수 있으니, 생각하면 결국 본심을 얻고 그렇지 않으면 얻지 못한다. 이것이 하늘이 나에게 준 것이다. 먼저 큰 것을 세우면 작은 것이 빼앗지 못할 것이니, 바로 이렇게 하는 사람이 대인일 뿐이다."

〈고자(告子) 상 15〉

맹자는 사람이 외부의 것들을 인식하는 방법에는 두 가지가 있다고 말한다. 하나는 감각 기관을 통해 아는 것이고, 다른 하나는 마음이라는 기관을 통해 아는 것이다. 우리는 먼저 감각 기관을 통해서 외부에 있는 것들을 알게 된다. 그렇지만 감각으로만 알고 마는 것에는 한계가 있다. 코끼리라는 동물이 있는 줄 모르고 다리만 만졌다가는 바위라고 생각할 수도 있기 때문이다. 이렇듯 귀나 눈에 의한 앎은 언제나 다른 조건으로 말미암아 잘못될 가능성이 있다.

그러나 사람에게는 '생각하는 능력'이 있다. 이는 이성에 따른 사유 능력이라고 볼 수 있는데, 이 능력을 맹자는 '마음이라는 기관'이 실행한다고 표현한다. 생각하는 능력이 있기 때문에 사람은 올바르고 정확한 인식을 할 수 있다. 이성에 따른 사유를 먼저 세워 놓으면, 감각 기관이 이를 혼란하게 하지 못한다는 뜻이다. 이것이 바로 자기 인격을 수양해서 훌륭한 사람이 되는 첫 번째 방법이다.

이렇게 본다면 대인은 사유를 통해 앎을 얻는 사람이고, 소인은 감각 기관을 통해 얻는 앎에 만족하는 사람이다. 사람은 무엇을 통해 앎을 얻는가에 따라 대인이 될 수도, 소인이 될 수도 있다. 그러니 대인은 '이성에 따른 판단과 사고'를 함으로써 외부 환경에 흔들리지 않는 사람이라고 할 수 있다. 물론 외부 환경에 흔들리지 않는다고 해서 바로 대인이 되는 것은 아니다. 대인에게는 또 다른 면이 있어야 한다.

대인이란 어린아이의 마음을 잃지 않은 사람이다.

〈이루(離婁) 하 12〉

어린아이와 같은 마음이란 자신의 본성을 잃지 않은 순수한 마음을 말한다. 이런 마음을 간직한 사람은 외부의 때가 조금도 끼지 않은 사람이다. 본능에 충실한 어린아이는 아무것도 모르는 듯하지만, 사실은 착한 본성을 그대로 간직하고 있다. 순수하고 선한 아이와 같은 마음을 간직한 사람이 대인이다. 그러나 순수한 마음은 백지와 같은 바탕을 이룰 뿐이다. 거기에 무엇을 그릴까가 더욱 중요하다.

제나라 왕자 점(墊)이 물었다. "선비는 어떤 일을 해야만 합니까?"

맹자께서 대답하셨다. "뜻을 소중히 여겨야 합니다."

"뜻을 소중히 여긴다는 것은 무엇을 말하는 것입니까?"

"인의에 뜻을 둘 따름입니다. 죄 없는 사람을 죽이는 것은 인이 아닙니다. 인은 우리가 살아야 할 집과도 같습니다. 의는 우리가 가야할 길과도 같습니다. 인에 살고 의를 행한다면 대인의 할 일은 다 갖추어진 것입니다."

〈진심(盡心) 상 33〉

맹자는 선비가 뜻을 두어야 할 일로 인과 의를 제시한다. 다른 사람을 아끼고 사랑하는 마음으로 살고 올바른 길을 따라가는 것이 바로 인과 의를 행하는 것이다. 인과 의라는 도덕적인 가치를 마음에 두어야 비로소 대인이라고 할 수 있다. 이렇게 본다면 아이의 마음을 잃지 않은 순수한 상태에서 올바른 인식을 하게 된 뒤에, 마음을 도덕적인 가치로 물들이고 이를 행하는 사람이 바로 대인이다. 그래서 대인은 신중하게 말하고 함부로 행동하지 않으며, 오직 의를 기준으로 실천하고 예를 바탕으로 생활한다.

대인은 말로 믿음을 약속하지 않고, 행동한 결과를 기약하지 않으며, 오직 의가 있는 곳으로 나아갈 뿐이다.

〈이루(離婁) 하 11〉

예가 아닌 예나 의가 아닌 의를 대인은 행하지 않는다.

〈이루(離婁) 하 6〉

맹자가 말하는 대인은 자신에게 충실하여 본성을 지키고, 이를 올바르게 실현하는 사람이다. 이런 사람이 정치에 나아간다면 세상이 바뀔 것은 당연하다. 또 이런 사람이 나아가야만 세상이 바뀐다.

대인이 갖추어야 할 자세

소인이 높은 지위에 있다고 해서 그를 욕하거나 그의 정치를 비난할 필요는 없다. 오직 큰 덕을 가진 대인이라야 임금의 마음속에 있는 잘못을 바로잡을 수 있다. 임금이 어질면 어질지 않은 자가 없을 것이고 임금이 의로우면 의롭지 않은 자가 없을 것이며, 임금이 바르면 바르지 않은 자가 없을 것이다. 그러므로 한 번 임금을 올바르게 하면 나라는 안정될 것이다.

〈이루(離婁) 상 20〉

정치를 행할 때 대인이 해야 할 일은 임금의 마음을 바로잡는 일이다. 임금이 마음을 바로잡아 어질고 올바른 정치를 실현하면 나라가 안정되고 평화로워진다. 그래서 정치에 대한 분명한 소명을 가진 대인은 일반 벼슬아치와는 구별된다.

'임금을 섬기는 사람'은 임금을 섬기지만, 그 임금의 비위를 맞추기만 하는 사람이다. '사직을 편안하게 하는 신하'는 사직을 편안하게 하는 것만을 기쁘게 여기는 사람이다. '하늘이 내린 백성'은 올바른 도가 천하에 행해질 수 있음을 안 뒤에 그것을 실행하는 사람이다. '대인'은 자신을 바르게 하고 세상을 바르게 하는 사람이다.

〈진심(盡心) 상 19〉

천하라는 넓은 집에 살며 천하의 바른 자리에 서서, 천하의 큰 도리를 행하여 뜻을 얻으면 백성들과 함께 하고, 뜻을 얻지 못하면 홀로 그 도리를 행한다. 부귀영화도 그 마음을 유혹하지 못하고 가난도 그의 지조를 바꾸지 못하며, 위엄과 무력도 그를 굴하게 할 수 없으니 이런 사람을 일러 대장부라 한다.

〈등문공(滕文公) 하 2〉

임금을 섬기거나 사직을 편안하게 하는 것이 보통 벼슬아치의 태도라면, '하늘이 내린 백성'은 올바른 도를 알고 이를 실현하려는 사람이다. 이런 사람은 천하를 바르게 하려는 포부를 갖고 실천하면서, 언제나 백성과 함께 하며 온갖 유혹이나 위협에도 흔들리지 않는다. 이런 사람이 바로 대인이며 대장부다.

그러나 유가는 하늘이 내린 명령을 실현하는 일에만 관심을 두지는 않는다. 사회를 경영하거나 정치를 행할 때 올바름을 추구하기 위해서는 먼저 자신을 바르게 해야 한다. 자신의 도덕적인 측면을 끝없이 반성해야 하는 것이다.

> 다른 사람을 아끼는데도 그 사람과 친해지지 않는다면 자신의 인을 되돌아보고, 다른 사람을 다스리는데도 잘 다스려지지 않을 때는 자신의 지혜를 되돌아보고, 남을 예로 대하는데도 답례가 없으면 자기의 공경하는 태도를 되돌아보아야 한다. 행해서 얻어지지 않는 것이 있으면 모두 자신을 돌이켜 살펴야 하니, 자신이 바르면 천하가 다 그에게로 돌아올 것이다.
>
> 〈이루(離婁) 상 4〉

유가의 목표는 '내성외왕(內聖外王)', 즉 안으로는 도덕적으로 훌륭한 성인이 되고 밖으로는 나라를 훌륭하게 이끌어 가는 지도자가 되는 것이었다. 자신의 본성을 닦은 다음에 사회나 정치에 관심을 기울이는 것이 과거 동아시아 지배 계층의 가장 기본이 되는 신념이었다.

맹자가 활동할 당시는 사회가 복잡해지고 인구가 많아지면서 국가나 집단이 세분화되던 격변기였다. 빠르게 변화하는 사회를 운영하기 위해 사람들은 다양한 의견을 내놓았는데, 모두 어떻게 하면 힘과 이익을 얻을 수 있을까 하는 문제에만 관심을 가졌다. 그러나 맹자는 사회 운영의 여러 문제를 각각의 영역에서 검토하면서 그 해결 방법을 사람의 본성에서 찾았다. 사람의 본성을 신뢰하고 그것에서 문제 해결의 실마리를 찾고자 한 태도는 자연이나 외부의 힘에 기대지 않고, 또한 법이나 제도와 같은 강제에 의지하지 않는 자율성을 지닌 인간을 중심에 두었다는 점에서 의미가 있다.[4]

사람에 대한 맹자의 믿음은 당시로서는 매우 앞선 것이었다. 맹자가 살았던 당시는 각각의 개인이 아니라 힘을 가진 권력자에 의해 사회가 달라지던 시대였고, 백성들은 그저 왕권에 종속된 존재들이었다. 이런 시대에 맹자는 권력자가 아니라 보통 사람이 스스로의 본

---

4) 물론 맹자의 사상에도 한계는 있다. 맹자가 말하는 도덕 중심주의는 사회의 모든 문제를 도덕적인 차원으로 돌릴 위험성을 안고 있다. 특히 현대 사회는 과거에 비해 훨씬 복잡해졌기 때문에 도덕적인 태도만으로 해결될 수 없는 문제가 많다. 종교 전쟁이나 이념 분쟁, 경제 전쟁, 환경 문제 등은 개인이 도덕적인 실천을 하는 것만으로는 해결될 수 없다. 그러나 진실한 자세로 자기를 발전시켜 나가려는 태도는 분명 가치 있는 삶의 토대다. 이런 점에서 맹자의 사상을 자세하게 들여다볼 필요가 있다. 아무리 사회가 복잡해져도 사람이 사회를 이끌어 나간다는 사실은 변하지 않으며, 그런 의미에서 올바른 사람이 여전히 중요하기 때문이다.

성에 따라 선하고 도덕적으로 행동할 수 있다고 믿었다. 또 그러한 도덕적인 인간성이 실현되어야 사람들이 조화롭게 살 수 있고, 여러 나라들이 평화롭게 공존할 수 있다고 생각했다.

힘과 권력의 시대에 개개인의 도덕적인 실천이 사회를 바꿀 수 있다고 생각한 것은 지나치게 이상적일 수도 있다. 그러나 백성을 도덕적인 실천의 주인공으로 보았다는 점에서 맹자는 '인간을 발견한 철학자'라고 할 수 있다. 이 때문에 많은 학자들이 맹자 철학을 인간 중심주의라고 평가한다.

3부 우주가 내 안에 있다

-천인합일과 수양론

동양인들은 오래전부터 사람과 하늘이 하나라고 믿었다. 우주 만물도 하늘이 낸 것이고, 사람도 마찬가지로 하늘이 냈다고 보았다. 또한 사람이 선한 것도 하늘이 그렇게 부여했기 때문이라고 믿었다. 하늘과 사람은 인의예지라는 가치를 공유한다는 점에서 하나다. 사람이 본성에 있는 인의예지를 넓히고 채워 가면 하늘과 만나 하나가 될 수 있다. 이를 천인합일(天人合一)이라 부른다.

한편 사람은 그 가능성을 실현하기 위해 자기를 반성하고 본성을 회복하려고 노력해야 한다. 이를 '자기를 닦고 기른다.'는 의미에서 수양론(修養論)이라 부른다. 수양은 바깥 세계의 유혹으로부터 본래의 착한 성품을 보존하는 일에서 우주 만물과 소통하는 생명 에너지인 호연지기(浩然之氣)를 기르는 과정까지 포함한다.

맹자는 천인합일론과 수양론을 통해 사람의 가능성을 우주 전체로 넓히면서 사람이 자기 현실에 안주하거나 자신의 형편을 핑계로 변명하지 않고 올바른 가치를 실천해야 한다고 강조한다. 맹자를 비롯한 유가들은 자기 수양의 문제를 단순한 삶의 태도에서 학문의 과정으로 발전시켜 나갔다. '무엇이 옳은가?'를 중심으로 생각한 서양 학문과 달리 동양에서는 '어떻게 살아야 하는가?'라는 실천의 문제를 중요시한 것이다.

1. 하늘과 사람은 하나다

천인합일

만장이 물었다. "요임금이 천하를 순임금에게 주었다는 것이 사실입니까?"

맹자께서 말씀하셨다. "아니다. 천자라고 천하를 다른 사람에게 줄 수는 없다."

"그러면 순임금이 천하를 다스리게 된 것은 누가 주어서입니까?"

"하늘이 준 것이다."

"하늘이 주었다면 하늘이 자세한 말로 명령을 내리신 것입니까?

"아니다. 하늘은 말을 하지 않는다. 행동과 일로써 표현해 줄 뿐이다."

〈만장(萬章) 상 5〉

《맹자》에는 여러 번 하늘의 명령(천명)에 관한 이야기가 나온다. 하늘이라고 하면 우리는 머리 위에 끝없이 펼쳐진 자연의 하늘을 떠올린다. 비가 내리거나 눈이 오는 등의 날씨가 나타나는 곳이 하늘이고, 별이 떠 있고 또 움직이는 것을 관찰할 수 있는 곳이 하늘이다. 그러나 과거 동양인들에게 하늘은 천지자연, 즉 자연 세계 전체를 대표하는 말이었다. 사람뿐만 아니라 모든 생명체가 태어나 자라고 죽는 과정, 모든 자연 현상 뒤에서 움직이는 생명의 원리라는 뜻이다. 따라서 하늘은 동양인들에게 '자연계 전체', 혹은 '자연의 궁극 원리'라는 의미를 갖는다. 특히 유가를 비롯한 고대 사상가들은 하늘을 단순히 자연의 일부로 생각하지 않았다.

제자인 만장과 나눈 대화에서 맹자는 정치권력의 뒤에 사람이 아니라 하늘이 있다고 말한다. 권력을 다음 사람에게 넘기는 것은 사람이 아니라 하늘이고, 이는 하늘의 권리라는 것이다. 맹자만 이렇게 생각했던 것은 아니다. 전통적으로 동아시아 사람들은 사람의 배후에 사람보다 더 근본이 되는 힘이 있다고 믿었다. 이 힘을 하나의 상징으로 하늘이라고 불렀다. 이때 하늘은 사람의 배후에서 사람의 다양한 활동을 주관하는 큰 원리이며 힘이다.[1]

《맹자》에도 여러 가지 성격의 하늘이 나온다. 그 가운데 하나를 다음 글에서 볼 수 있다. 노나라 평공(平公)이 맹자를 만나러 가려 하자 장창(贓倉)이라는 신하가 이를 말린다. 맹자가 부모의 장례를 지낼 때

---

1) 하늘에 대한 이런 생각은 동아시아 사람들에게 보편적인 것이었다. 조선 시대 말기에 나타났던 동학이 사람이 곧 하늘이라는 '인내천(人乃天)'을 주장하면서 '한울님'을 내세운 것도 이와 비슷한 맥락이다.

도에 어긋나게 했다는 이유 때문이었다. 장창은 맹자가 아버지 장례는 간소하게 하고, 어머니 장례는 호화롭게 했다는 사실을 근거로 맹자가 예법을 어겼다고 주장한다. 이 얘기를 들은 평공은 맹자를 만나지 않기로 한다. 그러자 맹자의 제자 악정자(樂正子)가 평공을 만나 맹자의 입장을 전한다. 악정자는 맹자의 아버지가 돌아가셨을 때는 선비의 신분이었기 때문에 장례를 간소하게 했던 것이고, 어머니가 돌아가셨을 때는 대부의 신분이었기 때문에 장례를 화려하게 했던 것이라고 설명하고 돌아온다.

악정자가 맹자를 뵙고 말했다. "제가 임금께 아뢰어 임금께서 선생님을 찾아뵙기로 했던 것인데, 총애하는 신하인 장창이 임금을 말려 임금께서 오지 못하신 것입니다."

맹자께서 말씀하셨다. "사람이 가는 것도 그렇게 만드는 것이 있으며 그만두는 것도 그렇게 만드는 것이 있으니, 가거나 그만두거나 모두 사람의 능력 밖에 있는 것이다. 내가 임금을 만나지 못하는 것은 하늘의 뜻이다. 장창이라는 자가 어찌 나로 하여금 만나지 못하게 할 수 있겠느냐?"

〈양혜왕(梁惠王) 하 16〉

맹자는 노나라 평공을 만나지 못한 일을 사람의 힘으로는 어쩔 수 없는 하늘의 뜻으로 여긴다. 하늘이 원했다면 만나게 되었을 것이니 노나라 제후를 만나지 못한 것은 사람의 뜻이 아니라 하늘의 뜻이라는 것이다. 정치와 관련된 만남도 그것을 허락하는 하늘의 명령, 즉 천명이 있어야 가능하다는 생각이다.

이처럼 천명은 우선 정치적인 의미를 갖는다. 그렇다고 천명이 특정한 왕이나 국가에만 내려지는 것은 아니다. 이는 모든 정치에 적용된다. 만약 올바른 정치를 하지 않는 왕이 있다면 천명은 떠나가게 된다.

> 《시경》에 이르기를 '상나라는 후손이 많았으나, 상제(上帝)[1]가 이미 명령하여 주나라에 복종하게 하였네. 주나라에 복종하게 되었으니 천명은 일정하지 않은 것이다.'라고 하였다.
>
> 〈이루(離婁) 상 7〉

천명에 정치적인 성격만 있는 것은 아니다. 사실 사람이 어쩔 수 없는 모든 부분이 다 천명에 해당한다.

> 일부러 하려 하지 않아도 저절로 그렇게 되는 것이 하늘이요, 부

---

1) 상제는 하늘을 의인화한 표현이다. 《시경》이나 《서경》에는 하늘을 의인화한 표현인 상제, 혹은 제(帝)라는 표현이 많이 나온다.

르지 않아도 저절로 오는 것이 하늘의 명령이다.

〈만장(萬章) 상 6〉

천명 아닌 일이 없으니 올바른 천명에 순응해야 한다. 그러므로
천명을 아는 자는 무너져 가는 담장 밑에 서지 않는다. 할 수 있는
바를 다하고 죽는 것이 올바른 명이며, 죄를 범해 죽는 것은 올바른
명이 아니다.

〈진심(盡心) 상 2〉

자신이 할 도리를 다하고 죽는 것은 천명이지만, 죄를 저질러 죽
게 되는 것은 자신이 받은 명대로 산 것이 아니다. 그러므로 개인에
게 주어진 천명에는 운명의 요소도 들어 있다. 여기서 우리는 한 가
지 의심을 해 볼 수 있다. 죽고 사는 것도 명이라면, 맹자는 모든 것
에 운명이 정해져 있다고 본 운명론자일까?

결론부터 말하자면 맹자는 보통의 운명론자와는 다르다. 사람은
언제나 자신에게 주어진 천명을 받아들일 준비를 해야 하지만, 마냥
기다려서는 안 된다고 맹자는 말한다. 천명보다 더 중요한 것은 스스
로 끊임없이 노력하는 실천적인 태도이기 때문이다.

마음을 보존하고 본성을 기르는 것이 하늘을 섬기는 방법이다. 일

찍 죽고 오래 사는 일을 하늘의 뜻이라 여겨 의심하지 않고 자신을 수양하면서 기다리는 것이 하늘의 명을 세우는 방법이다.

〈진심(盡心) 상 1〉

하늘의 명령을 듣는 방법은 자신이 가진 마음을 극진히 모두 펼쳐 내는 것이다. 사람이 하늘과 만나는 방법은 제사를 지내는 것도 아니고 하늘을 떠받들어 섬기는 것도 아니며, 책에 적힌 지식을 얻는 것도 아니다. 그것은 오로지 자신의 마음을 다하는 것, 정성을 다하여 자신을 바르게 하는 것이다. 하늘과 마음의 만남, 이것이 바로 맹자 철학의 큰 특징이다.

마음을 다하면 본성을 알게 된다

공자께서는 "잡으면 보존되고 놓으면 없어지며 들어오고 나가는 때가 없어 그 향하는 바를 알 수 없는 것이 바로 마음이다."라고 말씀하셨다.

〈고자(告子) 상 8〉

마음이란 무엇일까? 쉽게 설명하기 어려운 말이다. 누군가를 사랑하는 마음, 미워하는 마음처럼 감정을 의미할 때도 있고, 평화를 사랑하는 마음처럼 어떤 태도를 의미할 때도 있다. 즐거운 마음, 슬픈 마음처럼 그때그때의 기분을 나타내기도 한다. 그러나 유가에서 생각한 마음에는 이런 심리 변화의 의미만 있었던 것은 아니다.

> 이목구비와 같은 감각 기관은 생각할 줄 몰라 외부 사물에 가려지기 쉽다. 외부 사물을 접하면 그리로 끌려가게 되는 것이다. 마음이라는 기관은 생각할 수 있으니, 생각하면 결국 본심을 얻고 그렇지 않으면 얻지 못한다. 이것이 하늘이 나에게 준 것이다.
>
> 〈고자(告子) 상 15〉

앞에서도 보았듯 마음에는 생각하는 기능이 있다. 돌이켜서 반성하고 자신을 되돌아본다는 뜻의 생각이다. 도덕적으로 옳고 그른 것을 판단할 수 있다는 의미다. 그래서 맹자는 잘 돌이켜서 '생각하면' 인의예지와 같은 마음속의 근본 가치들을 얻을 수 있고, 잘 돌이켜서 '생각하지 않으면' 이런 마음을 얻지 못한다고 한다.

마음은 단순히 사람의 심리 변화가 아니라 생각하는 능력을 포함한다. 마음이란 바깥 환경이나 물질의 유혹에 영향을 받기 쉬운 감각 기관과는 달리 도덕적인 판단을 할 수 있는 능력이기 때문이다. 이렇게 도덕적인 생각을 할 수 있기 때문에 사람이 짐승과 구분된다고 앞에서 설명했다. 맹자가 말하는 마음이란 사람이 본래부터 지닌, 마음속에 원래 들어 있는 좋은 가치들과 그것들을 판단할 수 있는 능력 모두를 가리킨다고 볼 수 있다.

그렇지만 여기서 우리가 주목해야 할 것은 바로 마지막 구절이다. 맹자는 이 마음이 어디에서 온 것인지를 분명히 말한다. 그것은 하늘이다. 내 마음속에 들어 있는 가치들, 또 그것들을 판단할 수 있는 능력 모두를 의미하는 마음의 근원을 하늘에서 찾는다. 마음은 단순히 내 안에 들어 있는 심리나 능력이 아니다. 마음은 근본에서 하늘과 연결되어 있다.

> 마음을 극진히 하면 본성이 선하다는 것을 알게 된다. 인간의 본성이 선하다는 것을 알게 되면 하늘을 알 수 있다. 마음을 보존하고 본성을 기르는 것이 하늘을 섬기는 방법이다.
>
> 〈진심(盡心) 상 1〉

사실 마음은 하나의 발단이나 실마리에 지나지 않는다. 마음속의 실마리는 일상생활에서 어떤 대상이나 상황을 만나거나, 혹은 마음속으로 그러한 상황을 생각해야 밖으로 드러나게 된다. 부모는 특별히 교육을 받아서 자식을 사랑하게 되는 것이 아니다. 그런 마음의 실마리가 자식을 낳고 키우는 실제 과정에서 구체적인 모습으로 나타나는 것이다.

맹자가 말하는 '마음을 다한다', 혹은 '극진히 한다'는 말은 무슨 뜻일까? 이는 네 가지 마음의 실마리, 즉 인의예지의 실마리를 다 실현한다는 의미다. 일상생활에서 최선을 다해 부모에게 효도하고, 충심을 다해 윗사람을 섬기고, 형제들과 우애 있게 지내고, 친구들을 신의 있게 대하는 것이 바로 자기 실마리를 따라 마음을 극진히 하는 것이다. 일상생활에서 몸소 효도하고 신의를 지키고 우애 있게 지내는 것이 마음의 실마리를 다하는 길이다.

이렇게 밖으로 드러난 인의예지를 통해 우리는 자신에게 착한 본성이 있음을 알게 된다. 착한 본성이 이미 내 안에 있기 때문에, 그로부터 나온 마음의 실마리를 따라 행동하면 인의예지라는 가치가 일상생활에서 실현된다.

마음을 다하는 일은 여기에서 그치지 않는다. 마음속의 실마리를 따라 인의예지를 실천하여 본성을 알게 되면, 하늘도 알게 될 것이다. 사람의 본성에 선함을 심어 준 것이 바로 하늘이기 때문이다.

이렇게 본다면 마음은 자신의 것이면서 동시에 본성과 연결된 도덕적이고 보편적인 것이기도 하다. 맹자도 이러한 마음의 이중 속성을 잘 알았기 때문에 무엇보다도 자신의 마음을 통해 본성을 깨닫고 하늘을 이해하라고 한 것이다. 맹자는 사람의 마음[심(心)]과 본성[성(性)]과 하늘[천(天)]이 하나로 연결되어 있다고 보았다.

사람 개개인의 마음과 누구나 지닌 보편적인 본성, 그리고 하늘이 하나로 연결되어 있다는 생각은 중요한 의미를 갖는다. 마음을 다해서 본성을 깨닫는 사람은 우주 전체와 연결된 거대한 존재가 될 수 있다는 뜻이기 때문이다. 이 말은 사람 안에 우주 전체가 들어 있다는 의미로 해석할 수도 있다. 사람은 우주 자연의 일부분 혹은 국가의 일부분이기 때문에 하찮은 존재가 아니다. 누구나 자신의 마음과 본성을 깨달아 가는 과정에서 하늘을 만날 수 있다. 그래서 하늘과 하나가 될 수 있다.

개인이 하늘과 하나가 될 수 있다고 본 것이 바로 유가 사상의 특징이다. 맹자를 비롯한 유학자들은 하늘과 사람이 하나로 연결된 존재라고 믿었다. 이런 생각을 고대 사람들은 하늘과 사람이 하나가 된다는 의미에서 천인합일(天人合一)이라고 불렀다.

사실 수많은 사람들이 뒤얽혀 살아가는 세상에서 한 사람이 할 수 있는 일은 그다지 많지 않다. 전쟁이 벌어지면 사람은 자기 목숨 하나 지키기도 어렵다. 홍수나 가뭄 같은 자연 재해, 질병이나 사고 같은 어쩔 수 없는 상황에 부딪치면, 권력이 있다 해도 무사하기 힘들다. 그러나 사람은 근본에서 하늘과 연결된 존재다. 일상생활에서 개개인은 약하고 무력하지만, 하늘이라는 거대한 힘과 연결되어 있기 때문에 자신을 발전시키고 성장할 수 있는 존재이기도 하다. 사람 안에는 우주 전체의 이치가 모두 들어 있다.

만물이 모두 나에게 갖추어져 있다. 돌이켜 나를 반성하여 성실했다면 이보다 더 큰 즐거움이 없을 것이다. 인을 찾아가는 데 남의 마음을 헤아려서 행동하는 것보다 가까운 방법은 없을 것이다.

〈진심(盡心) 상 4〉

사람은 하늘로부터 본성을 받았다고 한다. 그런데 내 안에 있다는 본성은 나 혼자 가지고 있는 성격이나 능력이 아니다. 내 안에 있는 것은 모두에게 있는 것, 즉 보편적인 것이다. 이 보편성은 하늘이 모든 인간에게 주었기 때문에 생긴 것이다. 따라서 본성은 내 안에 있는 것이면서 동시에 모두에게 있는 것이다. 그래서 사람은 다른 사람이나 세상 전체와 연결된다. 우주 만물과 나는 하늘이라는 뿌리에서 나온 거대한 하나다.

동양인들은 이처럼 우주 자연과 사람이 하나의 끈, 곧 생명으로 연결되어 있다고 믿었다. 우주에 존재하는 모든 것들이 기계 부속품처럼 따로 떨어져 각각의 기능을 하는 것이 아니라 사람의 몸처럼 서로서로 연결되어 있다는 말이다. 사람의 신체는 이런 특성을 잘 보여 준다. 신체에는 여러 기관이 있고 기관에 따른 기능이 있다. 심장이나 간, 콩팥이나 눈, 코, 입 등 제각각 모양도 다르고 역할도 다르다. 그러나 이것들은 저 혼자서는 아무런 기능도 하지 못한다. 사람의 몸은 부분으로 나눠지지 않는다. 따로따로 있으면서 하나의 생명으로 서로 연결되어 있다.

동양인들에게 우주 자연은 하나의 거대한 생명체였다. 맹자도 우주, 곧 하늘의 거대한 생명성을 인정하고, 그로부터 자신의 사상을 펼쳤다. 사람 안에는 이미 우주의 생명력 전체가 들어 있다. 그 생명력을 다른 말로 '성실함[성(誠)]'이라고도 한다.

성실한 것은 하늘의 도지만, 성실하고자 노력하는 것은 사람의 도다. 지극히 성실한데도 남의 마음을 움직이지 못한 사람은 없고, 성실하지 않은데도 남의 마음을 움직인 사람은 없다.

〈이루(離婁) 상 12〉

하늘은 우주 만물을 기르고 제각각 본성을 지키면서 살아가도록 하기 때문에 성실함 그 자체다. 사람은 이런 하늘과 연결되어 있기 때문에 성실하고자 애써야 한다. 노력을 통해 하늘의 성실함을 일상 생활에서 실현한다면, 모든 사람의 마음을 움직일 수 있다. 성실함이라는 가치를 통해서 사람은 하늘과 만난다.

이렇게 하늘과 소통해서, 하늘의 뜻에 따라 그 성실함을 몸으로 드러내는 사람, 그래서 다른 사람을 감동시킬 수 있는 사람이 바로 성인이다. 성인은 하늘과 닿아 있는 존재다.

군자는 지나가는 곳마다 올바르게 변화시킨다. 그리고 그가 마음을 보존하면 신묘해진다. 그리하여 사회 전체가 천지와 함께 흐르니 어찌 작은 도움이라고 하겠는가?

〈진심(盡心) 상 13〉

행하는 모든 일에 다른 사람의 마음을 움직여 참여하게 하고, 자기의 선한 마음을 잘 보존해서 우주 자연의 힘을 간직할 수 있는 군자가 바로 성인이다. 그런 사람을 통해 하늘이 사람들 사이에 함께 있음을 확인할 수 있다.

물론 누구나 이런 단계에 오를 수 있는 것은 아니다. 먼저 선한 사람, 신의 있는 사람이 되어야 한다. 호생불해(浩生不害)라는 제나라 사람이 맹자에게 제자인 악정자가 어떤 사람이냐고 물었다.

호생불해가 물었다. "악정자는 어떤 사람입니까?"
맹자께서 대답하셨다. "선한 사람이고 신의 있는 사람이다."
"무엇을 선함이라 하고 무엇을 신의라 합니까?"
"본래의 순수한 마음처럼 되고자 하는 것을 선함[선(善)]이라 하고, 선을 자기 몸에 간직하는 것을 믿음[신(信)]이라 한다. 선이 몸에 가득하면, 이를 일러 아름다움[미(美)]이라 한다. 선이 몸과 마음에 가득하면 빛이 나게 되니, 이것을 위대함[대(大)]이라 한다. 위대해서

다른 사람들을 교화하는 것을 성스러움[성(聖)]이라 한다. 지극히 성
스러워서 사람이 가늠할 수 없는 것을 신묘함[신(神)]이라 한다. 악정
자는 앞의 두 가지에서는 중간쯤 되고, 뒤의 네 가지에서는 아래에
있다."

〈진심(盡心) 하 25〉

사람에게 선함과 신의가 가득하면 아름답게 보이고 빛이 나게
된다. 이 단계의 사람은 위대한 사람, 즉 대인이라 부를 만하다. 다른
사람의 마음을 교화할 수 있는 위대한 사람은 성인이라 할 수 있다.
성인이 가늠할 수 없는 수준에 이르면, 신묘한 경지에 들어섰다고 할
수 있다. 이처럼 사람은 궁극의 경지에 이르면 우주 자연과 하나가
될 수 있다.

운명을 극복하라

그런데 여기서 한 가지 의문이 생긴다. 하늘이 인간에게 명령을 내
리는 거대한 힘이며 원리라면, 인간은 이 명령대로 행동해야 하는 기
계 부속 같은 존재로 여겨질 수도 있다. 하늘 아래서 인간은 자신의
힘으로 어찌할 수 없는 거대한 존재에게 구속된 것이나 마찬가지일

수도 있다.

사람이 하늘의 명령으로 도덕적인 성품을 갖게 되었고 그 성품이 마음의 실마리에서 드러난다면, 사람은 그저 하늘의 명령에 맞추어 살아가는 존재가 아닐까? 그렇다면 사람은 그저 명령에 복종하는 존재일 수밖에 없지 않을까?

구하면 얻고 버리면 잃을 것이다. 내 안에 있는 것은 구하여 얻으면 이득이 된다. 구하는 데에는 원칙이 있고 얻는 데에는 명이 따른다. 그러나 나의 밖에 있는 것은 구하여 얻어도 이득이 되지 않는다.

〈진심(盡心) 상 3〉

맹자는 먼저 내 안에 있는 것과 내 밖에 있는 것을 구분한다. 자기 안에 있는 것은 구하면 나에게 도움이 되지만, 내 밖에 있는 것은 구해도 도움이 되지 않는다.

내 밖에 있는 것이란 무엇일까? 내 힘으로는 어쩔 수 없는 것들이다. 이미 주어진 신체 조건, 자연 상황이나 형세같이 자연스럽게 주어진 것들, 즉 필연인 것들을 말한다. 이것들은 노력해서 해결할 수 있는 게 아니다.

사람에게는 어떻게 해도 할 수 없는 것들이 있다. 사람은 신과 같은 존재가 아니기 때문에 외부 상황에 의존할 수밖에 없고, 거기서 영향을 받을 수밖에 없다. 또 의식주나 정치 상황처럼 반드시 밖에서가 아니면 구할 수 없는 것들도 있다. 운명이라고도 할 수 있는 이 외부의 것들을 맹자는 '명'이라고 했다.

그러나 모든 것을 바깥의 문제로 돌려서는 안 된다. 가장 중요한 것은 사람 안에 있기 때문이다. 내 안에 있는 것들, 즉 이미 본성으로 주어진 것들은 누구에게나 있지만 누구나 실현할 수 있는 것은 아니다. 그것을 실현하느냐 못하느냐는 개인의 문제다. 본성은 누구에게나 주어진 바탕일 뿐 그 자체로 완성된 것이 아니다. 그래서 구하면 얻을 수 있지만, 버리면 바로 잃게 된다.

사람들은 누구나 선한 삶을 살 가능성이 있지만, 그것을 현실에서 이루는 것은 각자의 몫이다. 개인의 노력과 실천에 따라 본성이 실현될 수도 있고 안 될 수도 있다. 바로 이 부분, 개인의 실천에 따라 성취 결과가 달라지는 이 영역이 바로 사람 개개인이 주체가 되는 영역이다.

입이 맛을 아는 것, 눈이 색깔을 아는 것, 귀가 소리를 아는 것, 코가 냄새를 아는 것, 몸이 편한 것을 아는 것은 사람의 본성이기는 하지만, 여기에는 명이라는 문제가 걸려 있다. 그러므로 군자는 이를 진정한 자신의 본성으로 여기지 않는다.

부자 관계에서 인을 행하는 것, 군신 관계에서 의를 행하는 것, 주
객 관계에서 예를 행하는 것, 현자가 지혜로운 것, 성인이 하늘의
도리를 행하는 것은 명이지만, 본성인 측면도 있다. 그러므로 군자
는 이를 명으로만 여기지 않는다.

〈진심(盡心) 하 24〉

맹자는 고자와의 논쟁에서도 본성이라는 말이 두 가지 의미를 지
닌다고 했다. 하나는 먹고 마시는 '자연적인 본성'이고, 다른 하나는
인의예지와 같은 '도덕적인 선한 본성'이다.

명의 의미도 두 가지로 나눌 수 있다. 하나는 '외부 조건이나 사람
밖에 있는 운명'이라는 의미고, 다른 하나는 '하늘이 내린 명령'이라
는 의미다.

첫 번째 구절에서 맹자는 입이나 눈이 맛과 색깔을 아는 것은 사람
의 본성 부분이라고 말한다. 이때 본성은 자연적인 본성이다. 그러나
입에 맛있는 것, 눈에 보기 좋은 색깔 같은 것은 사람의 바깥에서 주
어진 것들이다. 따라서 외부 조건, 즉 운명이라는 측면이 포함되어
있다. 진정한 군자는 이런 자연적인 본성만을 진정한 본성으로 생각
해서는 안 된다. 사람의 본성에는 더욱 고귀한 가치가 들어 있기 때
문이다.

두 번째 구절에서 맹자는 인의예지를 행하는 것은 하늘의 명령에

속한다고 말한다. 그러나 인의예지는 단순히 하늘이 내린 명령이 아니라 이미 나의 본성에 깃들어 있는 것이다. 그래서 진정한 군자라면 인의예지를 하늘의 명령으로만 생각하지 않고 자기의 본성이라고 여겨 실천하려고 애쓴다. 인의예지는 하늘이 나에게 내린 명령이기도 하지만 이미 내 본성에 있는 것이기도 하기 때문에, 깨달은 사람은 인의예지를 단순히 외부에서 주어진 명령으로만 생각하지 않는다. 자신의 본성으로 생각해서 스스로 실현하려고 애쓴다.

맹자가 여기서 말하고자 한 것은 사람이 그 명령을 무조건 수용하는 존재가 아니라는 점이다. 사람은 단순히 어떤 힘이 내리는 명령을 그저 따르는 존재가 아니다. 아무리 하늘의 명령이라 해도 이를 실제로 실현하는가 못하는가는 그 사람의 본성에 달려 있기 때문이다.

결국 맹자는 깨달은 사람으로서 군자가 어떠해야 하는지를 보여준다. 군자는 자연스러운 욕망의 본성이 아니라 도덕적인 본성을 지키는 사람이고, 외부의 운명은 인정하지만 거기에 굴복하지는 않으며, 하늘의 명령을 받아들이지만 무조건 얽매이지는 않는 사람이다.

하늘의 재앙보다 더 무서운 것이 자신이 만들어 낸 재앙이다. 결국 운명은 하늘이 정해 준 것이 아니라 스스로 만들어가는 것이다. 인을 행하지 않아 스스로 재앙을 만들고 있으면서도 이를 모른다면, 작게는 자신의 몸부터 크게는 나라 전체까지 망칠 수 있다. 그래서 먼저 깨달은 자들은 반드시 자신 안에서 스스로 터득하여 반성해야 한다.

어질지 않은 자와 더불어 이야기할 수 있겠느냐? 어질지 않은 자는 자기가 위태로워질 일을 편안하게 여기고 자기에게 재앙이 될 일을 이롭게 여기며, 자기가 망하게 될 일을 즐거워한다. 인자하지 않은 자를 선하게 이끌 수 있다면, 어떻게 나라가 멸망하고 가문이 무너지는 일이 생기겠는가?

아이가 노래하기를 "물이 맑거든 나의 갓끈을 씻고, 물이 흐리거든 나의 발을 씻는다."라고 하니, 공자께서 "제자들아, 저 노래를 들어보아라. 물이 맑으면 갓끈을 빨고, 흐리면 발을 씻게 되는 것이다. 스스로 그렇게 하는 것이다."라고 하셨다.

사람은 반드시 스스로 자신을 업신여긴 뒤에 남들이 업신여기며, 한 가문은 반드시 스스로가 무너뜨린 뒤에 남들이 무너뜨리며, 나라는 반드시 스스로 친 뒤에 남들이 친다. 《시경》 〈태갑〉에 '하늘이 내리는 재앙은 오히려 피할 수 있지만 스스로 지은 재앙 앞에서는 살지 못한다.'라고 하였으니, 이를 두고 한 말이다.

〈이루(離婁) 상 8〉

군자가 올바른 도리에 따라 깊이 탐구하는 것은 스스로 터득하기 위해서다. 스스로 터득하면 여러 일에 대처할 때 안정이 되고, 대처하는 일에서 안정되면 그 일로부터 얻는 것들에 깊이가 있게 된다. 일로부터 얻는 것들에 깊이가 있게 되면 일상생활에서 행하는 모든 일이 다 그 근원과 맞아떨어지게 된다. 그러므로 군자는 올바른 도리를 스스로 터득하고자 한다.

〈이루(離婁) 하 14〉

맹자는 언제나 스스로 실천하고 노력해야 함을 강조했다. 본성이 하늘에서 내려준 것이라 해서 억지로 따라야 하는 명령으로만 받아들인다면, 이는 진정한 군자의 태도라 할 수 없다. 자신의 본성에 담긴 것을 스스로 선택하고 노력해서 실현하지 않으면 아무런 소용이 없다. 그런 의미에서 맹자는 하늘과 사람을 연결시켰지만, 하늘의 명령에 사람을 매어 놓지는 않았다. 본성을 실현하려고 노력하는 것은 사람의 몫인 것이다.

맹자는 인간의 본성에서 동물적인 본성을 일단 뒤로 미루어 두고, 도덕적인 실천에서 외부 명령에 따르는 부분도 미루어 둔다. 사람은 본능에 따르는 짐승과 같은 존재도 아니고, 외부의 명령이나 어쩔 수 없는 상황에 끌려 다니는 의지 없는 존재도 아니다. 인간의 본성이 선하다는 맹자의 주장은 단순히 '인간은 착하다.'는 뜻이 아니다. 인간이 이 사회를 이끌어 나가고 올바르게 만들 실천의 주체라는 의미다.

맹자는 도덕적인 명령을 외부에 두지 않고 개인의 실천 문제로 바꾼 철학자다. 그렇기 때문에 특정한 상황에서의 선택과 실천은 개인의 몫이 된다.

사람들은 항상 천하, 국가, 집안에 대해 말한다. 그러나 천하의 근본은 국가에 있고 국가의 근본은 집안에 있으며, 집안의 근본은 나 자신[신(身)]에게 있다.

〈이루(離婁) 상 5〉

물론 여기서 '신'이란 생물학적인 몸을 의미하지 않는다. '자신'이라는 말로 해석할 수 있는 신은 전체 사회를 이루어 나가는 사회의 주체를 의미한다. 맹자는 어쩔 수 없는 운명, 혹은 올바른 정치를 명령하는 거대한 힘을 인정하면서도 자기 몫의 실천을 게을리 하지 않는 인간을 이끌어 내고자 했다.

그러나 진짜 문제는 지금부터다. '어떻게 하면 이러한 인간이 될 수 있는가?' 하는 문제가 남기 때문이다. 실천 방법이 제시되지 않으면, 하늘과 사람이 하나가 될 수 있다는 말은 의미 없는 말장난이 될 것이다. 그래서 많은 유가들이 자신을 닦는 방법인 수양론을 깊이 연구했다. 맹자도 마찬가지였다.

2. 자신을 닦는 방법

본성대로 행하라

요임금과 순임금은 본성대로 한 것이고 탕왕, 무왕은 몸으로 실천
한 것이다.

〈진심(盡心) 상 30〉

요임금과 순임금은 본성에 따라 그대로 행했고 탕왕과 무왕은 반
성하여 행한 것이다.

〈진심(盡心) 하 33〉

맹자는 여러 번에 걸쳐 요임금과 순임금에 대해 말한다. 유가에서
말하는 성인은 하늘과 하나가 된 사람으로, 하늘이 부여한 인간의 본
성을 참되게 실현한 사람이다. 자신의 본성을 실현하는 과정에서 하
늘과 하나가 되었기 때문에, 성인은 세상을 교화하고 바로잡을 수
있다.

성인은 일상생활에서 자신의 마음에 있는 선한 실마리를 도덕적인

가치로 바꾸는 사람이기 때문에 하늘과 하나가 될 수 있다. 그러나 성인은 신과 같은 존재가 아닐 뿐더러 성인들도 각각 차이가 있다. 요임금과 순임금이 자기 본성에 따르는 것만으로도 천하를 구할 수 있었다면, 탕왕과 무왕은 계속해서 자신의 행동을 돌이켜 보고 반성함으로써 천하를 구할 수 있었다. 그래서 요임금과 순임금은 본성에 따라 행했다고 말하고, 탕왕과 무왕은 자신을 반성하면서 실천했다고 말한 것이다.

이처럼 성인 가운데는 요임금과 순임금처럼 본성대로 행하기만 하면 되는 사람도 있지만, 탕왕과 무왕처럼 끝없이 반성해야 하는 사람도 있다. 물론 본성대로 행하기만 하면 되는 성인이 끝없이 자신을 반성해야 하는 사람보다 더 위대한 것은 사실이다. 그러나 요임금과 순임금이 위대한 것은 그들이 덕행으로 사람들을 이끌었기 때문이지 원래 성인이었기 때문이 아니다.

실천을 통해 성인이 된다는 점에서 결국 성인도 사람이다. 성인은 끝없는 노력으로 하늘과 하나가 된 인물이지 신이 아니다. 본성대로 한 것이건 끝없이 반성해 본성을 회복한 것이건, 성인은 안으로는 자신을 반성하고 밖으로는 선을 실천하고자 노력한다.

옛사람들은 마음에 올바른 뜻을 얻으면 그 은덕이 백성에게 전해졌고, 뜻을 얻지 못하면 자신을 닦아 세상에 나왔다. 자신이 곤란한

처지에 놓이면 혼자서 자신을 선하게 했고, 영광을 얻으면 천하 사
람들과 함께 선을 실천했다.

〈진심(盡心) 상 9〉

성인은 정치 상황이 막혀 있을 때는 홀로 자신을 선하게 닦아 나갔
고, 정치 상황이 좋을 때는 천하를 모두 선하게 만들고자 했다. 성인
은 자기 반성과 천하를 위한 실천을 모두 행해야 한다. 또한 자신을
선하게 닦는 수양도 반드시 해야 한다. 이런 과정이 없다면 천하를
모두 선하게 할 수 없다. 성인이든 보통 사람이든 계속해서 노력하여
본성을 되찾아야 한다. 물론 그 본바탕에는 차이가 있다. 하지만 스
스로를 반성하여 본성을 되돌리려는 노력만 한다면 보통 사람도 성
인과 같이 될 수 있다.

그러나 보통 사람이 성인과 같은 인격을 이루기는 쉽지 않다. 당장
먹고살기도 힘들거나 정치가 혼란한 시기라면, 하루하루 생활을 꾸
리기도 어려울 것이다. 사람의 본성이 선하다고 하지만, 세상에는 서
로 싸우고 뺏고 죽이는 일이 많이 일어난다. 그래서 사람들은 쉽게
지치고 도덕적인 실천을 포기하게 된다. 그러나 이는 스스로를 해치
고 자신을 포기하는 것이다.

자신을 해치는 사람과는 더불어 말해서는 안 되고 자기를 버리는

사람과도 더불어 행동해서는 안 된다. 예의를 비난하는 것은 자기를 해치는 것이고, 내 몸이 인에 머물지 못하고 의에 따르지 못하는 것은 자기를 버리는 것이다.

〈이루(離婁) 상 10〉

예의를 비난하고 인의를 행하지 않는 것은 스스로를 해치고 포기하는 일이다. 인의를 행하고 예의를 따르고자 노력하지 않으면 자신을 망치게 된다. 도덕적인 실천, 즉 선하게 살고자 노력하는 일은 자기를 해치고 자기를 버리지 않는 가장 기본이 되는 행위다.

그러나 현실은 선하게 살고자 하는 사람에게 가혹하다. 그렇다고 해도 노력을 게을리 해서는 안 된다고 맹자는 말한다.

인이 불인(不仁)을 이기는 것은 마치 물이 불을 이기는 것과 같다. 지금 인을 행하는 것은 마치 수레 가득 실린 땔나무에 붙은 불을 한 잔의 물로 끄려는 것과 같다. 한 잔의 물로 불이 꺼지지 않는 것을 보고 사람들은 원래 물이 불을 이기지 못한다고 생각한다. 이런 생각은 도리어 불인을 돕는 것이기 때문에 마침내는 인까지도 잃을 수 있다.

〈고자(告子) 상 18〉

물이 불을 이기는 것은 본성상 당연하다. 그러나 본래부터 인이 불인보다 강하다고 해서 현실 상황을 무시할 수는 없다. 불인이 지나치게 널리 퍼져 있다면 인의 세력이 약해져, 사회 질서가 무너지고 평화가 위협받는 상황에 이를 수 있다. 그렇다고 원래부터 인이 불인을 이길 수 없었던 것은 아니다. 맹자는 인의 힘을 믿으면서도 현실을 외면하지 않았다. 그렇기에 더더욱 자신의 본성을 회복하여 인을 발휘해야 한다고 강조한다. 인을 행하려는 사람, 선한 삶을 살려는 사람은 인내심을 가지고 그것을 지켜야 한다.

오곡은 종자 가운데서도 훌륭한 것들이다. 그러나 잘 익지 않으면 잡초만도 못하다. 인도 마찬가지다. 잘 익혀야만 하는 것이다.

〈고자(告子) 상 19〉

익지 않은 오곡이 아무 소용없듯이 실천하지 않는 인도 아무런 의미가 없다. 곡식이 익듯이 인도 실천하기 위해 노력해야 한다. 인을 익히기 위해, 즉 선한 가치를 실천하기 위해 사람들은 자기를 닦고 노력해야 한다. 맹자는 그 노력하는 방법을 여러 가지로 제시한다.

잃어버린 마음을 찾아서

자신을 닦기 위해서는 가장 먼저 잃어버린 마음을 되찾아야 한다. 마음을 잃어버린다는 것은 무슨 의미일까? 사람들은 일상생활에서 내 몸 바깥의 것들을 수없이 많이 원하게 된다. 욕망은 한번 품으면 자꾸만 커지는 속성이 있다. 그래서 조금이라도 방심하면 수많은 욕망에서 빠져나올 수 없게 된다. 그러면 마음은 바깥 것들에 대한 욕망을 따르느라 제자리에서 벗어나게 된다.

인은 사람의 마음이요, 의는 사람의 길이다. 그 길을 버리고 가지 않으며, 그 마음을 놓아 버리고 찾지 않으니 슬프구나. 사람들은 기르던 개나 닭을 잃어버리면 찾으면서도 마음을 잃어버리면 찾으려 들지 않는다. 학문의 길이란 다른 것이 아니다. 그 잃어버린 마음을 찾는 것일 뿐이다.

〈고자(告子) 상 11〉

잃어버린 마음을 되찾는 것은 사람이라면 마땅히 머물러야 하고 따라야 하는 인과 의를 찾는 과정이다. 온갖 욕망을 쫓아 밖으로 향한 마음을 다시 내 안에 되돌려 놓는 것, 이것이 바로 '잃어버린 마음을 찾는 것'이다.

그러나 잃어버린 마음을 찾는 것은 가장 기초 단계다. 잘못된 것을 바로잡아 내 안으로 의식의 방향을 돌리는 과정일 뿐이다. 다음 단계에서는 마음을 올바르게 길러야 한다. 마음을 기른다는 것은 바른 길로 가도록 끊임없이 자신의 마음을 경계하고 올바른 곳을 향하도록 조심한다는 뜻이다. 언제나 경계하면서 자신을 반성하는 태도가 바로 마음을 기르는 첫 번째 단계다.

마음을 기르기 위해서는 욕심이 적어야 한다. 욕심이 적은 사람은 본래의 마음을 보존하지 못할 때에도 잃는 것이 그리 많지 않을 것이다. 욕심이 많은 사람은 본래의 마음을 보존하더라도 얻는 것이 적을 것이다.

〈진심(盡心) 하 35〉

욕망을 적게 하는 것이 마음을 기르는 기본 조건이다. 욕심이 적은 사람은 때로 유혹을 받더라도 지키고 있는 본심이 균형을 잡아 주겠지만, 욕심이 많은 사람은 평소에 본심을 지키더라도 순간의 유혹에 모든 것을 잃을 수 있다. 따라서 바깥 상황에 마음이 흔들리지 않는 확고부동한 주체성이 필요하다. 맹자는 이런 주체성 있는 마음을 부동심(不動心)이라고 부른다.

공손추가 물었다. "선생님께서 제나라의 재상이 되시어 도를 행하시게 된다면, 제나라 왕을 패자로도 왕자로도 만드실 수 있을 것입니다. 그렇게 된다면 선생님께서는 마음이 흔들리겠습니까, 아니면 흔들리지 않겠습니까?"

"흔들리지 않을 것이네. 나는 마흔 이후로는 마음이 움직이지 않았네."

"만약 그렇다면 선생님은 위나라의 용사 맹분(孟賁)을 훨씬 뛰어넘으십니다."

"그것은 어려운 일이 아닐세. 고자는 나보다 먼저 마음이 흔들리지 않는 부동심을 얻었네."

"부동심을 얻는 데 방법이 있습니까?"

"방법이 있지. 제나라 용사 북궁유(北宮黝)는 용기를 길렀으니, 살을 찔러도 피하지 않고 눈을 찔러도 전혀 움직이지 않았다네. 조금이라도 남에게 꺾이면 마치 장터에서 매를 맞는 것처럼 부끄럽게 여겨, 천한 사람은 물론 수레 만 대를 가진 제후한테도 모욕당할 수 없다고 생각했지. 수레 만 대를 가진 제후에게 모욕당하는 것을 마치 천한 사람에게 모욕당하는 것처럼 생각했기 때문에 제후를 겁내지 않았고 욕하는 소리만 들려도 반드시 보복했다네.

제나라 용사 맹시사(孟施舍)는 용기를 기르면서 이렇게 말했네. '이기지 못할 것도 이길 것으로 생각하라. 적을 헤아린 후에 진격하고 이길 자신이 있을 때만 싸운다면, 이는 상대편 군사를 두려워하는 것이다. 내가 어떻게 싸울 때마다 반드시 이길 수 있겠는가? 나에게는 두려움이 없을 뿐이다.'

맹시사는 증자와 비슷하고 북궁유는 자하(子夏)와 비슷하다. 두 사람의 용기 가운데 어느 쪽이 더 현명한지는 잘 모르겠지만, 맹시사 쪽이 요령은 있다. 옛날에 증자께서 자기 제자인 자양(子襄)에게 다음과 같이 말씀하셨지. '자네는 용기를 좋아하나? 나는 예전에 공자께 큰 용기에 대해 들은 일이 있네. 스스로 반성해서 옳지 못하면 비록 천한 사람이라도 두려워하지 않을 수 없고, 스스로 반성해서 옳다고 생각하면 천만 사람이 있는 곳이라도 나는 당당하게 나갈 수 있네.' 내가 보기에 맹시사가 용기를 기르는 방법은 기(氣)의 차원이니 증자보다 못하네."

〈공손추(公孫丑) 상 2〉

제후를 움직여 천하를 호령하게 되면 마음이 흔들리지 않겠느냐고 제자 공손추가 묻자, 맹자는 부동심에 대해 설명해 준다. 부동심은 바깥 상황에 흔들리지 않는 강한 의지다. 부동심을 기르는 방법은 일단 용기를 기르는 것이다. 맹자는 북궁유와 맹시사를 예로 든다. 북궁유와 맹시사는 둘 다 제나라 무사인데, 용감무쌍한 사람으로 알려져 있다. 이 두 사람은 약간의 차이는 있지만, 모두 두려움 없이 용감하고 떳떳하고자 했던 사람들이다.

이런 강한 주체성을 갖는 것이 마음을 움직이지 않게 하는 하나의 방법이다. 그러나 맹자는 이들의 용기를 증자와 자하에 비교하면서 북궁유보다는 맹시사가 낫지만, 맹시사보다는 증자가 훨씬 훌륭하다고 말한다. 맹시사의 용기가 다만 강한 패기라면, 증자가 지키고자 했던 것은 단순한 용맹이 아니라 '스스로 반성'해서 얻은 옳음이었기 때문이다.

남에게 지지 않으려고 애쓰거나 전쟁을 무서워하지 않는 것은 진정한 용기가 아니다. 진정한 용기는 스스로 반성해 보아 부끄럽지 않은 마음에서 나온다. 따라서 마음을 움직이지 않게 하는 진정한 방법은 안으로 반성해서 떳떳한 것, 즉 도덕적인 용기를 갖는 것이다.

이처럼 욕심을 적게 하고 스스로 반성해서 도덕적인 용기를 갖는 방법이 마음을 기르는 기본 단계다. 이 단계를 넘어서기 위해서는 마음에 인의를 채우는 수양의 과정이 필요하다.

사람이 남을 해치지 않으려는 마음을 채운다면 인이 넘쳐날 것이다. 사람이 담을 넘어 도둑질하지 않으려는 마음을 채운다면 의가 넘쳐날 것이다. 사람이 다른 사람에게 무시당하지 않으려는 마음을 채운다면 모든 곳에서 의를 행하게 될 것이다.

〈진심(盡心) 하 31〉

남을 해치려고 하지 않는 마음은 인의 마음이고 도둑질하지 않으려는 마음은 의의 마음이며, 다른 사람에게 무시당하지 않으려는 마음은 의를 행하는 마음, 곧 예의 마음이다. 이렇게 인의예지를 마음에 채워 나가는 것이 진정한 마음의 수양이다. 사람들이 자신의 마음을 인의로 채운다면 천하는 안정되고 편안해질 것이다. 인의의 마음이 넓혀지고 채워지면 천하의 모든 존재가 다 편안해진다.

　내 마음속의 네 가지 실마리를 넓혀서 채울 줄 알면, 마치 불이 처음 타오르고 물이 처음 용솟음치는 것과 같을 것이다. 이를 채울 수 있다면 천하를 다 보존할 수 있지만, 채우지 못하면 자기 부모를 모시기에도 부족하다.

〈공손추(公孫丑) 상 6〉

호연지기

마음을 되돌리고 넓혀서 채우는 것은 안을 향한 반성의 단계인데, 사람에게는 안과 밖을 모두 아우르는 성장이 필요하다. 즉, '정신의 성장'과 동시에 '생명으로서의 성장'도 이루어져야 한다. 이 과정을 '기를 기른다.'는 의미에서 양기(養氣)라 부른다.

여기서 한 가지 주의할 것이 있다. 동양인들은 정신과 물질, 몸과 마음을 분명하게 구분하지 않았다. 정신과 육체의 분리는 서구에서 들어온 생각이다. 동양에서는 물질에 해당하는 것을 '기'라고 보는 경우가 많지만, 기는 단순히 물질만은 아니다. 물론 기에는 물질이라는 의미도 들어 있다. 그러나 이것으로 기를 다 설명할 수는 없다.

기는 동양에서 가장 기본 개념이고 그만큼 광범위하고 다양한 의미를 갖기 때문에, 기를 물질이라고 단정해서는 안 된다. 그래서 맹자의 수양론을 설명하기 위해 '육체의 성장'이 아니라 '생명으로서의 성장'이라는 표현을 쓴 것이다. 맹자의 설명을 차근차근 따라가 보자.

맹자는 사람을 의지의 측면과 생명력의 측면으로 나누어 설명한다.

지는 기를 통솔하는 것이고, 기는 몸에 가득 찬 것이다.

〈공손추(公孫丑) 상 2〉

기는 몸에 가득 찬 것이다. '몸을 채우고 있는 것'이라는 점에서 기를 일종의 생명력으로 이해할 수 있다. 기를 눈으로 볼 수 없고 손으로 만질 수 없는 '생명의 기운' 정도로 이해해도 좋다. 한의학에서 인간의 생명을 유지하는 근원을 기라고 하는 것과 같은 경우다.

또한 기는 개체의 생명력일 뿐 아니라 우주 전체에 가득 찬 힘이기도 하다. 이밖에도 기에는 여러 의미가 있지만, 신체와 관련되었을 때는 생명을 유지하고 발전시키는 힘으로 볼 수 있다. 이때의 기는 개인이 타고난 생명이면서 동시에 우주 자연과 함께 흐르는 것이다.

> 기라는 것은 지극히 크고 강하니, 기를 곧게 키우고 상하지 않게 하면 하늘과 땅 사이에 가득 차게 된다.
>
> 〈공손추(公孫丑) 상 2〉

기를 기르는 것은 올바른 생명 에너지를 기르는 과정이다. 그러나 맹자가 말하는 기는 단순하게 머물러 있는 육체의 생명 에너지가 아니다. 제자 공손추와 나눈 다음의 대화를 보자.

> "지는 기를 통솔하는 것이고, 기는 몸에 가득 찬 것이다. 그래서 지가 가장 중요하고 기는 다음이다. 그렇기에 '지를 보존하되 기를 해치지 말라.'고 한 것이다."
>
> "이미 지가 가장 중요하고 기는 다음이라고 말씀하셨는데, 다시 지를 보존하되 기를 해치지 말라고 하신 것은 왜입니까?"
>
> "지가 한결같으면 기를 움직이고 기가 한결같으면 지를 움직인다. 달려가다가 넘어지는 것은 기의 문제지만, 이럴 경우 마음을 움직이게 된다."
>
> 〈공손추(公孫丑) 상 2〉

마음이 향하는 바가 지다. 생명 에너지인 기는 지의 명령을 받아 활동한다. 생명 에너지는 목적이나 방향이 없다. 그래서 반드시 마음을 따라야 한다. 마음이 지향하는 바가 안정되고 일관되면 신체 에너지도 올바르게 움직이게 된다. 신체 에너지는 목적 없이도 움직일 수 있기 때문에 사람의 마음이 가고자 하는 방향인 지를 따르도록 해야 한다.

그 다음 구절은 생각하지 않았는데 몸이 움직이는 경우에 대한 설명이다. 예를 들어 무심코 달려가다가 넘어지는 때를 생각해 보자. 이때는 나도 모르게 몸이 움직인 것으로, 분명 마음의 뜻이 그렇게 하도록 한 것은 아니다. 그러나 이렇게 넘어지고 나면 그 때문에 마음이 흔들리거나 불안해질 수 있다. 이를 맹자는 '달려가다 넘어지는 상황은 분명 지가 아니라 기가 움직인 것인데, 그 때문에 마음이 흔들릴 수 있다.'고 설명한 것이다. 그래서 맹자는 지가 가장 중요하고 그 다음이 기라고 말한다.

이렇게 본다면 맹자가 말하는 기는 단순히 육체에 충만한 생명 에너지 정도의 의미가 아니다. 기는 신체를 움직이는 에너지지만, 어떻게 움직이느냐에 따라 마음이 흔들릴 수도 있기 때문에 도덕적인 마음과도 깊이 관계를 맺고 있다.

기는 의와 도에 짝하는 것이니, 기가 없으면 사람은 시들게 된다.

기는 안에 있는 의가 모여서 생기는 것이지, 밖에서 의가 갑자기 들어와 얻어지는 것이 아니다.

<공손추(公孫丑) 상 2>

기가 의와 도에 짝한다는 것은 무슨 말일까? 기는 의나 도 같은 도덕적인 가치들과 짝을 이루어야 한다는 말이다. 기는 단순한 생명 에너지가 아니라 '도덕적인 실천으로 연결될 수 있는 생명 에너지'다. 그래서 기가 갑자기 억지로 만들어지는 것이 아니라 의가 쌓이고 쌓여서 생기는 것이라고 말한 것이다. 그리고 의가 모여서 도덕적으로 실천해야 하기 때문에 올바르게 길러야 한다고 말한다. 이런 바람직한 생명 에너지를 맹자는 '호연지기(浩然之氣)'라고 했다.

"감히 여쭙건대 선생님께서는 무엇을 잘하십니까?"

"나는 말을 알며 호연지기를 잘 기른다."

"무엇을 호연지기라고 합니까?"

"말로 하기 어렵다. 기라는 것은 지극히 크고 강하니, 기를 곧게 키우고 상하지 않게 하면 하늘과 땅 사이에 가득 차게 된다. 기는 의와 도에 짝하는 것이니, 기가 없으면 사람은 시들게 된다. 기는 안에 있는 의가 모여서 생기는 것이지, 밖에서 의가 갑자기 들어와 얻어지는 것이 아니다. 행동하면서 마음에 만족하지 못하는 바가 있으면 곧 줄어들게 된다.

　반드시 기를 기르는 일을 해야 하니, 이때는 어떤 결과를 미리 기대해서도 안 되고 잊은 채 내버려 두어서도 안 되며, 자라나도록 억지를 써서도 안 된다. 송나라 사람처럼 해서는 안 된다.

　송나라 사람 가운데 곡식의 싹이 자라지 않자 싹을 뽑아 올린 자가 있었다. 피곤해져서 집에 돌아간 그는 '병이 날 정도로 힘들었어. 나는 오늘 싹이 자라는 것을 도왔거든.'이라고 했다고 한다. 그 아들이 달려가서 보니 싹은 벌써 말라 버렸다고 한다. 세상에는 이 사람처럼 싹이 자라는 것을 도와주는 어리석은 사람들이 많다. 이득이 되지 않는다 하여 버려두는 자는 김매지 않는 자이고, 싹이 자라는 것을 돕는 자는 싹을 뽑아 올리는 자다. 이런 일들은 단지 도움이 되지 않는 것에 그치지 않고 도리어 해치게 된다."

〈공손추(公孫丑) 상 2〉

　깨끗하고 맑은 호연지기를 지키는 것은 마음속의 인의를 보존하는 방법이기도 하니, 함부로 행동해서는 결코 이룰 수가 없다. 내버려 두어서도 안 되고 억지로 키워서도 안 된다. 그러나 사람들 가운데는 내버려두거나 억지로 키워 호연지기를 기르지 못하고 인의를 보존하지 못하는 사람들이 많다. 그런 사람들은 마치 처음부터 자신에게 인의의 마음이 없었다고 생각하기 쉽다.

    사람이 지닌 본성에 어찌 인의의 마음이 없겠는가? 자기의 양심을 잃어버리는 것은 도끼로 찍어 나무를 베어 버리는 것과 같다. 매일 도끼로 찍어 내는데 어떻게 아름다워질 수가 있겠는가? 밤낮으로 자라면서 아침의 맑은 기운[평단지기(平旦之氣)]을 얻어 가면 인을 좋아하고 불인을 싫어하는 보통 사람들의 본성과 가까워질 수 있지만, 낮에 행하는 악행들이 다시 어지럽혀 결국 망쳐 놓는다. 이렇게 반복해서 자기의 악행에 구속된다면 밤사이에 길러지는 맑은 기운[야기(夜氣)]을 보존할 수 없게 된다. 밤사이에 길러지는 맑은 기운을 보존할 수 없으면, 짐승과 큰 차이가 없게 되는 것이다.

〈고자(告子) 상 8〉

    평단이란 해 뜨기 직전의 새벽을 의미한다. 따라서 평단지기는 아침의 맑은 기운이다. 야기란 '밤사이에 자라는 맑은 기'라는 뜻이다. 사람들은 낮에 이런저런 것들을 접하기 때문에 욕망이 고개를 들고 자꾸만 본성이 가려지게 된다. 그러므로 새벽의 맑은 기를 보존하고 넓혀서 채워야 한다. 맑고 깨끗한 기를 보존하고 간직해야 사람의 마음에 본래 들어 있는 인의를 잃지 않을 수 있다.
    야기를 보존한다는 것은 인의를 실천할 바탕을 기르는 것이고, 호연지기를 기른다는 것은 의를 실천할 힘을 기르는 것이다. 몸과 마음에 가득 찬 우주의 기운을 잘 기르고 발전시켜서 자기 삶의 주인이 되는 것이 바로 맹자가 추구한 수양의 방법이다.

맹자가 말하는 수양은 지식만을 넓히는 것도, 신체만을 단련하는 것도 아니다. 몸과 마음을 하나로 해서 선한 본성을 회복하여, 이를 넓히고 채워 나가는 과정이다. 그렇기 때문에 결코 한 몸에서 끝나지 않는다. 수양의 결과는 한 몸을 벗어나 점점 퍼져 나간다. 천하를 호령하는 군주가 아니라도 자신의 본성을 회복해서 선한 마음을 실천한다면 하늘과 하나가 될 수 있기 때문이다.

동양 사상가들뿐 아니라 서양 사상가들도 정치와 사회 경영, 신과 인간의 관계, 인간의 도덕적인 성품에 대해서 이야기했다. 하지만 서양 사상가들은 어떻게 자신을 닦을 것인지, 어떻게 본성을 지키면서 이를 넓혀 나갈 것인지에 대해서는 학문으로 다루지 않았다. 서양 사람들은 학문을 하면서 논리적인 방법이나 앎에 이르는 과정에 더 관심을 보였다. 이에 비해 고대 동양 사람들은 올바르고 어진 삶을 살기 위해 어떻게 해야 하는지, 즉 자기 발전의 길에 더 관심을 가졌다. 이 때문에 서양 학문에 깊이 젖은 사람들은 논리와 이성에 기반한 학문만 철학이라고 생각하고, 동양인의 인생에 대한 관심은 철학이 아니라고 생각하기도 한다.

그러나 세계를 바라보는 눈이 다르고 학문의 풍토가 서로 다르다는 점을 인정하지 않고 무조건 서구 것만을 학문이나 철학이라고 보는 태도는 바람직하지 않다. 특히 동양의 사유들이 서양과 같은 체계나 방법을 갖추지 않았다고 해서 무시하거나 단순히 옛이야기나 덕담 정도로 여기는 것도 잘못된 생각이다. 동양인은 동양인 나름대로의 눈과 이성으로 세상과 인간이 나아가야 할 길을 연구해 왔다. 동양의 역사와 학문 풍토를 이해하지 않고서 함부로 동양 사상을 고루한 이야기나 오래된 격언 정도로 여겨서는 안 된다.

이렇게 봤을 때 맹자의 사상은 사람을 본성이 선한 존재로 보았다는 점에서, 그리고 주체적인 삶의 자세를 통해 하늘과 하나가 될 수 있는 존재로 보았다는 점에서 사람의 가치를 점점 무시하는 차갑고 기계적인 현대 사회에서 더욱 큰 의미를 지닐 수 있다. 사회 구조가 복잡해지고 기술이 발전해 갈수록 '어떻게 살아야 하는가?'에 대해서는 결국 우리 스스로 찾아야 하기 때문이다.

맹자, 그 삶과 사상

1. 맹자, 그는 누구인가?

중국 사상은 보통 당우(唐虞) 시대라는 고대부터 시작된 것으로 알려져 있다. 이 시대는 중국의 전설적인 성인 요임금과 순임금이 백성을 이끌었던 때로, 태평성대가 시작된 시기로 여겨진다. 그리고 이 요순시대를 이어 우왕, 탕왕, 문왕, 무왕 시대가 열리는데, 이 시대를 하은주(夏殷周) 삼대라고 부른다.

이렇게 요임금과 순임금을 이어 우, 탕, 문, 무, 주공 등이 중국 고대 사회의 기틀을 마련했다고 전해진다. 고대의 훌륭한 왕들이 홍수를 다스리고 농사를 가르치고 백성을 교화하는 등 사회의 기초를 닦아 문명화의 기틀을 다졌던 당우 시대와 하은주 시대가 지나자, 곳곳에서 힘을 기른 세력들이 등장하기 시작했다. 힘 있는 자들이 영토를 차지하려고 전쟁을 일으키는 통에 고대 사회의 통합은 깨지고 사회는 급속히 분화하기 시작했다. 이는 철기가 도입되고 농사 기술이 발달하면서 도시가 커지고 인구도 늘어나는 등 사회 전체가 변화하면서 나타난 현상이었다. 이 과정에서 사회를 움직여 왔던 전통 원리나 원칙이 흔들리고 제도나 규범, 도덕 들이 땅에 떨어지게 되었는데, 이 시대를 춘추 전국(春秋戰國) 시대라고 부른다. 맹자(孟子)는 분열과 전쟁의 시대였던 전국 시대에 가난한 귀족의 후예로 태어났다.

맹자의 이름은 가(軻)로, 전국 시대의 작은 나라인 추나라에서 태어났다. 맹자의 선조는 노나라 귀족이었다고 한다. 노나라 환공(桓公)의 아들인 중손씨(仲孫氏), 숙손씨(叔孫氏), 계손씨(季孫氏)가 노나라의 권력을 차지하려고 서로 다투었는데, 이들을 삼환(三桓)이라고 불렀다. 그 가운데 중손씨를 맹손씨(孟孫氏)라고도 불렀는데, 이 사람이 바로 맹자의 선조다. 전국 시대에 들어서면서 삼환의 세력이 약해지자 맹자의 선조는 노나라에서 추나라로 옮겨 왔다.

세력 다툼에 밀려 이웃 나라로 이주한 귀족의 후예였던 맹자는 어린 시절을 그리 평탄하게 보내지 못했다. 아버지가 일찍 돌아가시고 어머니 혼자 가족의 생계와 교육을 떠맡아야 했기 때문이다. 그러나 맹자의 어머니는 자식 교육에 정성을 다했던 강한 어머니였다. '맹모 삼천지교(孟母三遷之教)', '맹모단직지교(孟母斷織之教)'라는 말은 자식 교육에 대한 맹자 어머니의 열성과 노력에서 나온 말이다.

맹모삼천지교란 자식 교육을 위해 맹자의 어머니가 세 번 이사한 일을 말한다. 묘지 근처에 살았던 맹자는 자연스럽게 장례 흉내를 내며 놀게 되었다. 이것을 본 맹자의 어머니는 아들의 장래를 걱정해 이사를 결심한다. 이번에 옮겨간 곳은 시장 근처였다. 어린 맹자는 또 친구들과 어울려 장사 흉내를 내며 물건 파는 놀이를 했다고 한다. 귀족의 후손이 장사치 흉내를 내는 것이 속상했던 맹자 어머니는 다시 더 좋은 환경을 찾아 이사를 하게 된다. 마지막으로 옮겨 온 곳은 학교 근처였다. 이런 환경에서 자연스럽게 영향을 받은 맹자는 그 뒤로는 책을 읽으며, 학문과 예절 등 예법에 관심을 갖게 되었다고 한다. 이렇게 맹자 어머니가 세 번 이사하며 자식을 가르쳤다고 하여 맹모삼천지교라고 한다.

　비슷한 일화로 맹모단직지교가 있다. 멀리 공부를 하러 갔던 맹자가 어느 날 학업을 중간에 그만두고 돌아온 일이 있었다고 한다. 실망한 맹자의 어머니는 자신이 짜고 있던 한 필의 베를 그 자리에서 칼로 잘랐다고 한다. 놀란 맹자가 어째서 베를 잘랐느냐고 묻자, 맹자 어머니는 단호하게 대답했다.

　"네가 중간에 공부를 그만둔 것은 베를 짜다가 중간에 자른 것과 같다. 중간에 잘라 버린 베가 쓸모없듯이 학업을 포기한 사람도 쓸모없는 사람이다."

　맹자는 어머니의 말씀을 듣고 깊이 반성하여, 그 뒤로는 공부에 전념했다고 한다. 이처럼 배우고 공부하는 것을 중요하게 생각한 어머니 밑에서 자란 맹자는 공자부터 내려오는 유가 학파의 제자가 되었고, 최선을 다해 학문을 닦아 유가 사상가 가운데 공자와 같은 위치에 오른 인물이 되었다.

2. 공자의 계승자

유(儒)란 지식과 교양을 쌓은 선비라는 뜻으로 널리 사용되던 말이다. 이 말이 하나의 학파를 가리키는 말로 사용되기 시작한 것은 공자가 등장한 뒤의 일이다. 공자는 주나라의 권위가 땅에 떨어진 춘추 시대에, 맹자보다 150여 년 앞서 주나라 문화가 잘 보존되었던 노나라에서 태어났다. 공자는 혼란했던 춘추 시대를 살면서 사회가 나아가야 할 올바른 길에 대해 오랫동안 연구했으며, 권력자들을 찾아다니며 그 올바른 길을 제시했다.

공자의 사상은 '인(仁)'으로 압축할 수 있다. 인이란 사람에 대한 도덕적인 사랑이다. 공자는 다른 사람을 배려하는 도덕적인 사랑과 책임감만이 혼란한 시대를 바로잡을 수 있다고 믿었다. 그는 사람과 사회, 국가가 바로 설 수 있는 기반이 바로 인으로 맺어진 관계에 있다고 보았다. 이것이 유학의 핵심인데, 맹자는 바로 이 공자 사상의 핵심을 이어받아 발전시켜 유학의 체계를 세웠다.

어머니의 가르침으로 학업에 매진하게 된 청년기에 맹자는 공자의 손자인 자사(子思) 학파에서 공부하게 된다. 자사에게 직접 배웠다는 주장도 있지만, 맹자와 자사의 활동 시기가 1세기 이상 차이 나기 때문에 자사의 제자에게서 공자와 자사의 사상을 배웠을 것이라는 주장도 있다. 어쨌든 맹자는 공자에게서 자사로 이어지는 공자 학파, 즉 유가의 정수를 배운 계승자다. 맹자 자신도 공자로부터 내려온 정통성을 계승했다는 강한 사명감을 보였다.

공자가 살아계셨을 때나 지금이나 마찬가지다. 500년을 주기로 반드시 왕도 정치를 실현할 왕이 나오고, 그 사이에 반드시 세상에 이름을 떨칠 사람도 나타나기 마련이다. 주나라 때부터 700년이나 되었으니 햇수로 치면 이미 지났고, 시기를 따져 보면 성인이 나타날 시기다. 그러나 하늘이 아직 세상을 평정하지 않으시려나 보다. 만일 세상을 평정하려 하신다면 지금과 같은 때에 내가 아니면 누구를 택하겠는가?

〈공손추(公孫丑) 하 13〉

하늘이 백성을 이 세상에 나게 하실 때 먼저 알게 된 사람으로 하여금 뒤에 알게 된 사람을 가르치게 하고, 먼저 깨달은 사람으로 하여금 뒤에 깨달은 사람을 깨우치게 했다. 나는 하늘이 낳은 백성 가운데서도 먼저 깨달은 사람이다. 나는 이 도로써 백성을 깨우치고자 한다. 내가 깨닫게 해 주지 않는다면 누가 하겠는가?

〈만장(萬章) 상 7〉

나의 소원은 공자를 따라 배우는 것이다.

〈공손추(公孫丑) 상 2〉

맹자는 500년을 주기로 올바른 정치를 할 인물들이 나타났다고 믿었다. 요임금과 순임금 이후 탕왕까지가 500년이고, 탕왕 이후 문왕까지가 500년, 문왕 이후 공자까지가 500년이라는 것이다. 이렇게 500년을 주기로 사회를 이끌 큰 인물이 나타난다고 믿은 맹자는 공자라는 성인을 이어 그 역할을 할 사람이 바로 자신이라고 생각했다. 그래서 자신의 사상이 받아들여지지 않자 하늘이 세상을 바르게 할 때가 아직 안 된 모양이라고 탄식한 것이다. 이런 맹자를 보면 자신 이외에는 이 세상을 바르게 할 사람이 없다는 강한 자부심이 느껴진다. 이 자부심은 그가 먼저 깨달은 사람이라는 데서 나온다. 그가 스스로 깨달았다고 한 학문이 바로 공자가 전한 유학이다.

유가 학파의 사상, 즉 유학은 공자를 계승하고 유가의 정통을 다시 세우려는 맹자의 노력 덕분에 체계가 세워지면서 하나의 고유한 사상으로 틀을 갖추게 되었다. 공자를 적극 계승하려 했던 맹자 덕분에 유가가 주장한 인문주의가 꽃을 피우게 된 것이다. 그러나 맹자의 사상도 맹자 당시에 실현되었던 것은 아니다.

맹자가 활동하던 때는 전국 칠웅(七雄)이라고 불리는 일곱 강대국이 천하를 좌지우지할 때였다. 한나라, 위나라, 제나라, 조나라, 연나라, 초나라, 진나라, 이렇게 7대 강국들이 서로 경쟁하는 상황에서 사회는 빠르게 변화했다. 전쟁이 끊이지 않는 혼란하고 잔혹한 세상을 구하겠다고 생각한 맹자는 가장 먼저 정치에 대한 조언을 하기 위해 여러 나라를 돌아다닌다. 맹자도 공자처럼 여러 나라를 돌며 제후들을 만나고 자신의 주장을 펴면서, 정치에 등용되어 어지러운 세상을 바로잡고자 했다.

맹자는 여러 나라의 군주들을 만나 올바른 정치를 통해 세상을 구하겠다는 신념을 전하고 방법과 원칙을 제시했다. 그러나 당시의 군주들에게 맹자의 사상은 쉽게 받아들여지지 않았다. 군주가 인격을 바로 세워 도덕적인 정치를 펴야 한다고 한 맹자의 사상은 목적을 위해 수단과 방법을 가리지 않던 당시 정치 상황에서는 받아들여지기 어려운 것이었다.

여러 나라를 돌아다니다가 노인이 되어서야 고향에 돌아온 맹자는 그때부터 만장 등 제자들과 함께 자기 사상을 정리한 책을 쓰기 시작한다. 그렇게 해서 세상에 전해진 것이 바로 《맹자(孟子)》다.

3. 맹자의 경쟁자들

맹자가 살았던 시대는 정치 격변기였다. 이런 시대에 맹자는 어지러운 시대를 바로잡아 유가가 꿈꾸는 이상 사회를 만들고자 했다. 당시 함께 활동했던 다른 사상가들의 주장에 반대한 맹자의 주장을 통해 당시 사회 상황과 맹자가 생각한 이상 사회가 어떤 사회인지 확인할 수 있다.

요임금과 순임금이 돌아가시고 성인의 도가 쇠퇴하여 폭군들이 대신 나타났다. 폭군들이 집을 헐고 연못을 만들자 백성들이 돌아가 쉴 곳이 없어졌으며, 밭을 없애고 동산을 만들어 백성들이 농사를 지을 수 없게 되었다. 비뚤어진 의견과 포악한 일들이 일어났으며, 동산과 연못이 많아진 탓에 새와 짐승도 많아지더니 주왕 때에는 천하가 다시 큰 혼란에 빠지게 되었다.

〈등문공(滕文公) 하 9〉

주왕은 은나라 폭군이었는데, 결국 무왕에 의해 왕좌에서 쫓겨났다. 맹자는 요임금이나 순임금과 같은 훌륭한 임금이 사라지자 올바른 도리가 쇠퇴했고, 그 결과 천하가 크게 혼란해졌다고 말한다.

그럼 시대가 다시 안정되는 방법은 무엇인가? 그것은 훌륭한 왕이 나타나 폭군을 없애는 것이다. 사회 혼란은 맹자 시대에도 마찬가지였다. 맹자가 활동하던 전국 시대에는 정권을 차지하게 위해 신하가 임금을 죽이는가 하면 아들이 아버지를, 아버지가 아들을 죽이는 일도 흔했다. 이런 상황에서 백성들은 불안하고 민심은 쉽게 동요했다. 그래서 여러 사상가들이 나름대로 해결책들을 제시하게 된다. 권력이 나누어지던 시기였기 때문에, 사상가들이 내놓는 해결책도 다양했다. 이렇게 나타난 다양한 학파들을 제자백가라 부른다.

춘추 전국 시대를 학문 측면에서 제자백가, 혹은 백가쟁명(百家爭鳴)의 시대라고 한다. 제자백가란 '수많은 사상가와 여러 학파'라는 의미이고, 백가쟁명이란 여러 학파들이 제각각 나름의 주장을 편다는 의미다. 당시에는 이처럼 각기 다른 사상을 가진 학자들이 활동했는데, 맹자가 속한 유가 외에도 묵자(墨子)가 이끄는 묵가(墨家)와 노자(老子)와 장자(壯子)의 사상을 이은 도가(道家), 농가(農家), 법가(法家), 종횡가(縱橫家) 등 여러 학파가 사회와 개인에 대한 다른 생각들을 가지고 곳곳에서 사상을 펼쳐 나갔다.[1]

---

1) 묵가는 묵자를 종주로 하는 전국 시대 학파다. 묵자는 자신이 희생하더라도 평등하게 모든 사람을 사랑하는 겸애(兼愛)를 실천하면 사회 혼란을 없앨 수 있다고 보았다. 도가는 사회의 지배와 관리에서 가장 주요한 덕목으로 생각되는 인의와 같은 도덕과 인간의 문명적인 삶을 부정한 학파로, 인간이 만든 가치 체계로 자연 세계를 왜곡해서는 안 된다고 주장했다. 농가는 공동 노동을 통해 농업 중심의 원시적인 공동체로 돌아가자고 주장했던 학파다. 법가는 법을 통한 강력한 국가 통치를 주장했는데, 한비자(韓非子), 상앙(商鞅) 등이 대표 인물이다. 종횡가는 각 나라 사이의 관계를 이용하여 패권을 잡기 위한 방책으로 합종연횡책을 주장했던 학파다.

맹자는 유가와 다른 여러 학파들에 대해 좋지 않게 생각했다. 그러나 다른 각도에서 보면 당시는 여러 학파가 서로 논쟁하고 토론하면서 해결책을 찾으려 했던 자유로운 사상 경쟁의 시대였다. 여러 학파 가운데 하나가 유가였고, 맹자도 그 가운데 한 명이었다. 그러나 당시 유가는 다른 사상들에 비해 크게 주목받지는 못했다. 그런 이유에서인지 맹자는 당시 많은 사람들이 따르던 학파들에 대해 매우 강하게 비판했다. 특히 맹자는 유가에 가장 큰 걸림돌이 될 두 사상가, 즉 노자 사상을 이어받은 것으로 보이는 양주(楊朱)와 묵가의 창시자 묵자를 가장 심하게 비판했다.

성스러운 임금이 나타나지 않고 제후가 방자해지며, 선비들이 빗나간 의론을 일삼으니 양주와 묵자의 말이 천하에 가득 차게 되었다. 그 결과 천하 사람들이 양주 쪽으로 흘러가지 않으면 묵자에게로 돌아간다. 양주는 자기만을 위하니 이것은 임금이 없는 것과 마찬가지요, 묵자는 평등하게 사랑할 것을 주장하니 이것은 아버지가 없는 것과 마찬가지다. 아버지가 없고 임금이 없다면 짐승이나 다를 바 없다.

〈등문공(滕文公) 하 9〉

양주는 자신만을 위하고자 하니 머리털 하나로 천하를 유익하게 할 수 있다 해도 하지 않을 것이다. 묵자는 두루 사랑할 것을 주장하니 이마에서 발꿈치까지 닳아 없어진다 해도 천하를 유익하게 한다면 그렇게 할 것이다.

〈진심(盡心) 상 26〉

양주는 전국 시대 사람으로 맹자와 비슷한 시대에 활동하면서 사상에서 대립했던 인물이다. 양주의 개인 저술은 전해지지 않기 때문에 그의 사상을 자세히 알 수는 없지만, 《맹자》나 《열자(列子)》 〈양주〉 편을 통해 그의 사상을 짐작할 수 있다. 맹자의 평가에 따르면 양주의 사상은 다른 사람을 위해 털끝 하나도 내놓지 않는 개인주의의 극단이다. 자기 삶이 사회 전체나 구성원의 이익 때문에 피해 보는 것을 원치 않았던 양주가 맹자의 눈에는 사회 질서를 파괴하는 극단적인 이기주의 세력으로 보인 것이다. 그러나 오늘날의 시각에서 보면, 맹자의 비판은 인간은 어떤 존재인가에 대한 관점 차이를 인정하지 않은 것이라고 할 수 있다.

양주는 인간의 자연 본성과 욕구 표현을 중요시했다. 그래서 무엇보다 자신의 생명이 가장 소중하다고 보았고, 개인의 본성과 욕구가 사회의 도덕적인 명분 때문에 희생되는 것을 원치 않았다. 양주의 사상은 자신의 생명을 가장 중요하게 생각한 생명 존중 사상이라고 할 수 있다. 집단의 이름으로 사람의 목숨을 마구 빼앗던 시대에 개인의 생명이 사회 가치나 이념보다 중요하다고 주장한 양주 사상은 매우 앞선 것이었다. 그러나 맹자에게 이런 양주의 사상은 공동체를 무너뜨릴 수도 있는 이기주의, 자기의 쾌락만을 추구하는 쾌락주의로 보였던 것이다.

이에 비해 묵자는 양주와 반대 지점에 서 있다. 묵자는 혼란기를 살아가면서 자기가 희생하더라도 천하에 도움이 되는 실천을 해야 한다고 주장한다. 이런 실천을 겸애라고 한다. 묵자가 주장한 겸애는 두루 사랑하는 것, 즉 차별 없는 사랑을 말한다. 내 몸과 남의 몸, 내 가족과 남의 가족을 고르고 동등하게 사랑하는 태도야말로 혼란한 사회를 구하는 길이라고 묵자는 생각했다. 하지만 맹자가 보기에 이런 묵자의 주장도 지나친 이타주의일 뿐이었다.

겸애는 유가가 주장한 차별에 따른 사랑과는 다르다. 유가는 내 아버지에 대한 사랑과 남의 아버지에 대한 사랑이 같을 수 없다고 주장한다. 물론 내 아버지만을 사랑해야 한다는 것은 아니다. 내 아버지를 먼저 사랑하고 그 사랑하는 마음을 넓혀 나가는 것이 진정한 사랑이라는 것이다.

차별에 따른 사랑을 통해 효를 세우려 했던 유가와는 달리 묵자는 공동체 전체에 대한 공평한 사랑을 호소한다. 전쟁으로 피폐해진 당시 상황에서 누구나 공평하게 사랑해야 한다는 묵자의 주장은 상당한 호응을 얻었다. 맹자는 이런 묵자의 사상을 아버지가 없는 것이나 마찬가지라고 비난했다. 내 아버지, 남의 아버지 구분이 없으니 가장 기본인 효의 윤리가 성립될 수 없다는 것이다.

맹자는 이 두 사상을 강하게 비판하면서, 이런 사상은 사회에서 몰아내야 한다고 주장했다. 이기주의나 이타주의 모두 사람의 본성을 잘못 이해한 결과이며, 이런 사상이 사람들의 마음에 파고들게 되면 사회 전체가 혼란해진다는 것이다. 수많은 사상가들이 시대를 바꿀 새로운 방법을 주장했는데도 특히 짐승과 마찬가지라는 심한 표현을 사용하며 양주와 묵자를 비난한 것은 그만큼 그들의 사상이 유가 사상과 어긋났기 때문이다.

여기서 시대에 대한 맹자의 강한 사명감과 자기 학문에 대한 강한 신념을 읽을 수 있다. 맹자는 아버지와 임금, 즉 가족과 국가가 사회의 기본 토대라고 생각했다. 그리고 이 가족과 국가를 연결하는 중요한 고리를 바로 인의라는 도덕적 가치에서 찾았다. 그렇게 본다면 가족이나 국가보다 개인의 생명이 소중하다고 주장한 양주나 개인이나 가족보다 전체가 더 소중하다고 주장한 묵자는 사회의 근간을 위협하는 위험한 세력이 되는 것이다.

물론 양주와 묵자의 사상은 그 나름대로 의의가 있다. 그러나 맹자는 유가의 사상과 다른 이들의 사상을 인정하려 하지 않았다. 그래서 맹자는 양주와 묵자의 사상에 반대하면서 세상의 올바른 도, 즉 유가의 도를 세우려고 하였다. 맹자가 생각한 올바른 도는 부모와 국가에 연결된 도덕적 주체를 세우는 것이다. 이런 구도 밖에 있는 사상에 대해 맹자는 논쟁을 멈추지 않았다. 농가의 추종자였던 진상(陳相)과의 대화에서도 맹자의 사명감과 사상을 볼 수 있다.

진상은 허행(許行)이라는 사람의 사상을 따라 왕이 직접 농사를 지으면서 노동을 통해 사회 경영에 참여해야 한다고 주장한다. 그러나 맹자는 이를 받아들이지 않는다.

그러면 천하를 다스리는 것은 홀로 농사를 짓고 난 뒤에 할 수 있는 일이겠는가? 대인의 일이 있고 소인의 일이 있으니, 한 사람의 몸에 여러 장인들의 능력이 모두 갖추어져 있어서 만일 자기가 만든 뒤에만 쓸 수 있다면, 이것은 천하 사람들을 이끌어 수고롭게 하는 것과 마찬가지다. 그러므로 옛말에 '어떤 사람은 마음으로 수고하며 어떤 사람은 몸으로 수고하니, 마음으로 수고하는 자는 사람을 다스리고 몸으로 수고하는 자는 다른 사람에게서 다스림을 받는다.'라고 한 것이다. 다른 사람에게 다스림을 받는 자는 그 사람들을 먹이고 다른 사람을 다스리는 자는 그 사람에게 얻어먹는 것이 천하에 공통된 도리다.

〈등문공(滕文公) 상 4〉

농사짓는 법을 가르쳤다는 고대의 성인 신농씨(神農氏)를 존경했다는 허행은 등나라 문공이 공자의 도를 받아들여 어진 정치를 편다는 소문을 듣고 무리를 이끌고 등나라로 이주해 온다. 백성들과 함께 자기 손으로 직접 농사를 지었던 신농씨처럼 직접 농사를 짓고 짚신을 삼아 살았다고 전해진다.

허행은 나라를 다스리는 왕이 백성과 함께 손수 농사를 지어 검소하게 살면서 이들을 가까이서 다스려야 한다고 주장한다. 농업을 중심으로 공동 노동을 해야 다툼 없이 평화롭게 살 수 있다는 것이다. 이는 인구가 적고 사회가 덜 분화되었던 고대에는 효과가 있는 방법이었을지 몰라도, 이미 사회가 분화되어 복잡해진 맹자 시대에는 무리가 있는 방법이었다.

맹자도 이 점을 지적한다. 즉, 여러 가지 물품을 생산하는 일과 사회를 경영하는 일은 분리되어야 한다는 것이다. 몸으로 노동하는 집단과 정신노동을 하는 집단은 서로 다르지만, 각기 자기 분야에서 최선을 다해야 한다는 주장이다.

여기서 맹자는 '마음으로 수고하는 자는 남을 다스리고 몸으로 수고하는 자는 남에게 다스림을 받는다.'는 합리적인 사회 분업을 주장한다. 사회가 급격하게 분화되는 시기에 맞게, 자기 수양을 통해 올바른 지배자의 능력을 갖춘 군자를 중심으로 한 분업적 사회 경영의 원리를 제시했던 것이다.

이처럼 맹자는 여러 부분에서 다른 사상들과 대립했지만, 일관되게 자신의 주장을 펼쳐 나갔다. 맹자의 비판이 강하면 강할수록 반대로 맹자가 처한 상황을 쉽게 짐작할 수 있다. 또한 맹자의 비판을 통해 맹자가 꿈꾸었던 세계의 모습도 알 수 있다. 맹자는 아버지가 있고 국가가 있는 사회, 즉 아버지를 대하는 도덕과 국가가 운영되는 도덕이 굳건히 서 있는 질서 있는 사회를 꿈꾸었다. 더 나아가 국가를 운영하는 계층과 생산을 담당하는 계층이 나누어져 각자 자신의 자리에서 최선을 다하는 안정된 사회를 바랐다.

4. 《맹자》와 《맹자》 이후

현재 전해지는 《맹자》는 전체 7편으로 각 장 첫머리의 글자가 각 편의 제목으로 되어 있다. 이는 공자 사상을 담은 《논어(論語)》의 구성 방식을 따른 것이다. 〈양혜왕〉, 〈공손추〉, 〈등문공〉, 〈이루〉, 〈만장〉, 〈고자〉, 〈진심〉으로 이루어진 《맹자》는 후한(後漢) 학자 조기(趙岐)가 상편과 하편으로 나눈 뒤 현재까지 14편으로 전해 내려오고 있다.

《맹자》는 그리스 철학자 플라톤이 쓴 대화편처럼 대부분이 맹자와 제자들 사이의 대화로 이루어져 있다. 그래서 이 책이 두서없이 연결되었다고 생각하기 쉽지만, 《맹자》는 전체가 일정한 주제로 엮인 일관된 책이다.

예를 들어《맹자》의 서언에 해당되는 〈양혜왕〉과 뒤이은 〈공손추〉는 당시 각 나라의 권력자들과 나눈 대화를 기록한 것인데, 주로 왕도 정치에 대해서 논한 정치론에 해당한다. 또 〈고자〉에서는 당시 유명한 학자였던 고자와의 대화를 중심으로 사람의 본성에 관한 깊이 있는 논쟁이 펼쳐진다. 마지막에 나오는 〈진심〉은 앞에서 맹자가 펼쳤던 이론들을 모아 정리하면서, 사람의 반성과 실천을 주장한 내용으로 이 책의 결론 부분이라고 할 수 있다.

맹자의 사상은 유학을 통해 세상을 구원하려는 것이었지만, 권력층이 언제나 유가의 손을 들어주었던 것은 아니다. 맹자가 살아 있을 때도 그랬지만, 그가 죽은 뒤에도 그의 사상은 여러 번 위기 상황을 맞고 반대파들의 비판을 받았다. 전국 시대를 마감하고 중국을 통일한 진시황은 유학자들을 생매장하고 책을 불태우는 분서갱유(焚書坑儒)를 일으키기도 했다. 이 때문에 유학 세력은 빠르게 약화되었고, 맹자의 사상을 계승한 여러 유학자들이 목숨을 잃기도 했다. 유학은 후대로 내려와서는 관학(官學)으로서 관리 채용의 경전이 되기도 했지만, 왕권에 의해 도교가 자리 잡았던 시기도 있었고 불교 세력이 컸던 시기도 있었다. 이런 과정에서 유학은 다른 사상과 경쟁하면서 성장하거나, 재야 학자들에 의해 명맥을 유지하기도 했다. 맹자의 사상이 조금씩 영향력을 갖게 된 것은 당나라 이후에《맹자》를 해설한

책들이 나오면서부터다.

《맹자》가 《대학(大學)》·《중용(中庸)》·《논어》와 함께 사서(四書)라는 유학의 기본 경전으로 인정받은 것은 송나라 이후의 일이다. 맹자가 체계를 세운 유학은 북송(北宋)과 남송(南宋) 시대를 거치면서 새로운 유학이라는 의미에서 신유학(新儒學) 혹은 성리학(性理學)이라는 학문으로 발전한다. 이런 학문의 발전을 이끈 인물이 바로 북송 오자(五子)로 불리는 소강절(邵康節), 주렴계(周濂溪), 장횡거(張橫渠), 정명도(程明道), 정이천(程伊川)과 이들의 학문을 집대성한 남송의 주자(朱子)다.

이들은 공자와 맹자로 대표되는 유학을 계승하면서, 여기에 당시 영향력 있던 도가와 불교 사상을 받아들여 우주의 근본 원리와 사람의 본성에 대해 깊이 연구했다. 이들에 의해서 맹자 사상은 공자를 계승한 유학의 정통으로 인정받게 되었다.

유학에 바탕을 둔 성리학은 이후로 국가를 움직이는 사상 체계로 자리 잡아 중국 사회는 물론 조선과 일본 등 동아시아 전 지역에 깊은 영향을 주었다. 우리나라의 경우 고려 시대까지 국가에 의해 장려되고 보호된 것은 도교나 불교로, 유학은 많은 학문 가운데 하나일 뿐이었다. 그러나 조선 시대에 이르러 유학은 공인된 국가 통치 사상이 되었다. 새로운 왕조를 이끌 새로운 사상이 필요했던 조선이 유학을 건국 이념으로 받아들였기 때문이다. 조선 왕조가 성리학을 국가의 지도 이념으로 삼은 뒤에, 주자가 계승한 유학이라는 의미의 주자학이 조선 사회를 이끄는 유일한 사상으로 권위를 갖게 되었다. 조선 왕조는 유학을 통해 국가의 기틀을 잡고 발전해 나갔지만, 세월이 흐를수록 사상이 점점 경직되어 다른 학문을 인정하지 않는 풍토가 되자 여러 가지 문제를 낳게 되었다.

유학을 배운 학자와 정치가들은 불교를 탄압했고, 민간에서 영향력이 컸던 도가 사상 등도 억압했다. 이로 말미암아 자유로운 학문 풍토가 사라지고, 권위를 앞세워 학문에서 서로 편을 갈라 싸우는 상황이 벌어졌다. 정치 분란인 당쟁의 배후에는 정치에 대한 이해관계만이 아니라 유가 사상 안에서의 미묘한 주장 차이도 놓여 있다. 유학에 대한 해석의 차이가 곧 정치 입장의 차이로 나타났던 것이다. 그만큼 유학은 조선의 정치와 뿌리 깊게 연결되어 있었다.

조선 후기에는 청나라와 교류한 지식인들을 중심으로 청나라의 발달된 문물이나 서양의 천문학 등 새로운 학문이 들어오면서, 실용과 실천을 중요시하는 새로운 학풍이 형성되기 시작했다. 이러한 학풍을 실학(實學)이라 부른다.

맹자 사상은 실학자들에 의해서 그 의미를 재평가받았다. 그의 사상은 정치 싸움이 아니라 백성의 생활과 국가의 발전을 고민한 실학자들에게 등대와 같은 역할을 했다. 지나치게 이론 중심으로 굳어진 당시 학풍에서 정약용을 비롯한 많은 실학자들이 맹자 연구를 통해 유학의 본모습으로 돌아가 당시 사회의 문제를 풀고자 했던 것이다. 사람을 중심에 놓고 사회를 발전시키고자 했던 사람들은《맹자》에서 자신과 사회를 책임지는 인간, 실천하는 인간, 올바른 사회 제도와 도덕적인 정치의 가능성을 보았다.

5. 맹자 사상의 중심

맹자 철학의 가장 큰 특징은 사람의 본성이 선하다는 신념을 바탕으로 도덕적인 정치를 주장했다는 점이다. 사람의 본성이 선하다는 성선론(性善論)과 어진 정치를 실현해야 한다는 왕도 정치론은 맹자 철학의 안과 밖이라고 할 수 있다.

| 인성론 |

맹자가 사람의 본성이 선하다고 주장한 근거는 크게 보면 두 가지다. 먼저 같은 종류의 사물들이 대개 비슷하듯이 여러 사람의 마음에도 서로 같은 것이 있다는 것이다. 그것이 바로 인이나 의와 같은 도덕적인 성향이다. 사람이라면 누구나 인이 아닌 것보다는 인한 것을, 의롭지 못한 것보다는 의로운 것을 따르게 되어 있다. 그것은 사람들이 가진 보편적인 성향이다. 사람 마음에 이러한 도덕적 성향이 있다는 것은 경험에서도 알 수 있다. 사람이라면 누구나 불행이나 위험에 빠진 다른 사람을 그냥 지나치지 못한다는 점에서 그러하다. 이 마음을 맹자는 '차마 남에게 모질게 하지 못하는 마음'이라고 말한다. 사람은 누구나 이렇게 선한 마음의 바탕을 지녔다는 것이다.

맹자는 이런 선한 바탕을 네 가지의 실마리로 설명한다. 불쌍히 여기는 마음(측은지심), 부끄러워하는 마음(수오지심), 사양하는 마음(사양지심), 옳고 그름을 분별하는 마음(시비지심)은 모든 사람의 마음에 깃들어 있는 가장 기본적인 마음의 실마리들이다. 이 실마리들이 선한 바탕을 이루어 사람은 누구나 도덕성을 갖춘 인격적인 존재가 될 수 있다. 사람들은 네 가지 단서(사단)라는 마음의 실마리를 잘 살려서 네 가지 덕, 즉 인의예지를 길러야 한다. 이것이 사람이 궁극적으로 갖추어야 할 도덕성의 실제 내용이다.

많은 철학자들이 각 시대마다 인의예지와 같은 도덕적인 덕목을 제시해 왔다. 그러므로 인의예지 자체는 특별할 것이 없다. 중요한 것은 인의예지가 사람들이 지켜야 할 법처럼 밖에 드러난 기준이 아니라는 점이다. 맹자는 네 가지 덕의 뿌리를 사단에 두고, 마음에서 도덕적인 실천의 근거를 찾았다. 그러므로 사람에게 도덕적인 본성은 억지로 줄 필요가 없는 타고난 능력, 즉 양능이며 타고난 지혜, 즉 양지인 것이다.

그러나 이런 바탕이 있음에도 사람들이 악을 행하는 것은 그 마음을 지키지도, 반성하지도 않기 때문이다. 사람은 욕망에 쉽게 이끌릴 수 있어서 다른 사람과의 관계나 여러 사회적인 상황에 의해 얼마든지 악에 물들 수 있다. 산에 있는 아름다운 나무를 도끼로 찍어 내면 결국 민둥산이 되듯이, 본래 선한 사람의 마음도 얼마든지 황폐해지고 극악해질 수 있다.

그래서 맹자는 사람들이 스스로 노력해서 자기 마음속의 올바른 기운들을 지키고 살려내야 한다고 주장한다. 사람은 외부의 상황에 영향을 받기 쉬운 존재이기도 하지만, 반면 우주 만물과 연결되어 있는 존재이기도 하다. 사람은 우주 만물과 하나로 연결되어 있는 존재이기 때문에 나와 만물을 연결해 주는 매개체인 생명 에너지 자체를 잘 길러야 마음속의 선한 실마리를 제대로 살려낼 수 있다. 이런 바람직한 생명 에너지를 '호연지기'라고 부른다. 호연지기를 기르는 것은 선한 본성을 지키는 핵심이며, 자기를 닦아 나가는 기본이다.

그러므로 사람들은 끝없이 자기 본성을 지키려고 노력해야 하며, 자신을 닦는 수양을 해야 한다. 사람은 선한 가능성의 존재일 뿐 선함이 완성된 존재는 아니다. 사람이 완성된 존재가 아니라는 말은 끝없이 노력해야 하는 존재라는 뜻이다. 그러므로 사람이 선한 존재라는 맹자의 선언은 그만큼 바깥 세계의 다양한 유혹이나 혼란과 싸우면서 스스로를 지키려고 노력해야 한다는 말과도 같다. 자기의 본성을 보존하고 기르는 일이 기본이라면, 이를 도덕적인 실천으로 드러내기 위해 노력하는 일은 좀 더 적극적인 자기 수양이라고 말할 수 있다.

자기를 기르는 것, 즉 수양의 첫 단계는 자신의 욕심을 버리는 것이다. 욕심은 더 큰 욕심을 부르기 때문에 본성의 선함이 마치 처음부터 없었던 듯이 사람을 악하게 만들 수 있다. 욕심을 버린 뒤에는 잃어버린 마음을 찾는 태도로 자신의 본성을 지켜 나가고자 노력해야 한다. 마음의 일관성을 지키면서 천지자연의 올바른 기운을 받아 더 큰 세계와 하나가 되려고 노력한다면, 사람은 자기 한 몸을 벗어나 더욱 위대한 존재가 될 수 있다.

맹자는 끝없는 반성과 노력을 통해 사회의 나쁜 조건과 욕망을 극복한 사람을 대인 또는 성인이라고 부른다. 개개인이 자신의 본성을 넓히고 채워 나가면서 실천하면 사회는 안정되고 평화롭게 발전할 수 있다. 그러므로 사회와 국가를 책임지는 군주라면 그 자신은 물론 다른 사람도 자기 본성을 넓히고 채울 수 있도록 하기 위해 스스로를 끊임없이 수양해야 한다.

| 정치론 |

국가를 운영하는 권력자에게는 누구보다도 더 큰 도덕적인 자기완성이 요구된다. 그들이 어떠한 태도와 방법으로 나라를 다스리는가에 따라 백성들의 삶이 달라지기 때문이다. 맹자는 군주의 마음과 행

동을 이끄는 기준은 인의예지와 같은 도덕적인 가치여야 한다고 주장한다. 임금이 그 자신부터 도덕적인 가치를 실현하고자 노력하고, 이를 사회에서 실현하는 정치를 행할 때 국가는 발전한다. 이런 정치, 즉 도덕적인 가치 실현을 목표로 하는 정치를 왕도 정치라고 부른다.

왕도 정치는 인정, 즉 어진 정치를 통해 완성되는 이상 정치다. 권력자는 도덕적 가치 실현을 목표로 나라를 다스려야 한다. 그렇게 한다면 사회의 다른 구성원들도 도덕적인 기준에 따라 생활하면서 서로에 대해 책임을 지는 어진 태도를 갖게 될 것이다. 이런 사회가 올바른 사회다.

그러나 현실에서 정치를 담당하는 권력자들은 도덕성보다는 힘에 의한 정치를 하고자 했다. 사람을 마음으로 사랑하고 아끼는 정치가 더욱 바람직할 것이라는 데에는 생각이 미치지만, 당장 눈앞에 효과가 나타나는 힘의 정치에 더 끌릴 수밖에 없기 때문이다. 힘에 의한 정치, 즉 패도 정치는 당시 임금들에게 몸에는 나쁘지만 효과가 즉시 나타나는 약과도 같았다.

맹자는 패도 정치에 유혹을 느끼는 여러 왕들에게 올바른 정치를 실현하는 구체적인 방법을 제시하지 않으면 안 되었다. 맹자는 이상 정치를 실현하기 위해 먼저 백성의 생활을 안정시킬 것을 요구했다. 백성의 생활이 안정되지 않으면 사람들 마음속의 선한 실마리를 살려내기 어렵기 때문이고, 그렇게 되면 임금이 아무리 어진 정치를 베풀고자 해도 그것을 실현하기 어렵기 때문이다. 따라서 맹자에게는 경제를 안정시키는 방법 자체가 왕도 정치의 실현을 위한 매우 중요한 기준이었다.

일단 왕은 백성의 부모라는 마음으로 산업을 장려하고 세금 제도를 정비하며, 토지를 균등하게 분배하여 백성들의 생활을 안정시켜야 한다. 특히 토지 제도인 정전제를 시행하는 것이 중요하다. 토지를 우물 정 자 모양으로 균등하게 분배해서 각자의 생활을 꾸리게 하는 한편, 우물 정 자의 가운데에 해당하는 공동 경작지를 함께 가꾸어서 세금을 내게 하는 것은 백성들의 독립적인 생활을 보장하면서도 공동체 노동을 이끌어 내는 방법이었다. 맹자는 이런 방법으로 생활 안정과 공동체 가치의 실현을 모두 얻을 수 있다고 생각했다.

안정된 경제 기반이 확보된 뒤에는 교육을 통해 사람들의 마음을 길러야 한다. 사람들이 교육을 통해 부모 형제와의 올바른 관계, 자신에 대한 책임 등을 생각하게 되면 왕도 정치는 완성된 것이나 다름없다. 백성이 안심하고 살 수 있는 경제 기반이 사람들 마음속에 잠재되어 있는 도덕적인 성향을 기르기 위한 바탕이 되고, 교육이 이를 뒷받침해 준다면 가장 이상적인 상태인 왕도 정치가 실현될 수 있다는 것이다.

왕도 정치가 실현되면 백성들은 자기 마음속의 선한 본성을 깨달아 진심으로 임금을 부모처럼 생각하게 된다. 임금과 백성이 마치 부모와 자식처럼 서로를 돌보고 아끼게 되는 것이다. 그러므로 임금은 무엇보다 백성의 마음을 움직이는 정치를 해야 한다.

맹자는 또한 왕권 자체가 하늘에서 주어진다는 전통적인 '천명 사상'을 갖고 있었다. 그런데 하늘은 직접 말하지 않는다. 오직 백성의 뜻을 통해 표현할 뿐이다. 그러므로 권력자는 백성의 마음을 곧 하늘의 마음으로 생각해야 한다. 백성이 가장 귀하고 왕은 그 다음이라는 맹자의 주장은 이런 배경에서 나온 것이다.

맹자는 임금에게 하늘과 백성 양자의 책임을 지우는 방식으로 백성들의 목숨을 정권 유지의 수단으로 삼는 폭력 정치의 폐단을 막고자 했다. 임금은 하찮아 보이는 백성의 마음에서 자신에게 권력을 준 하늘의 뜻을 읽어야 한다. 하늘과 백성과 자신에게 부끄럽지 않은 정치, 이 셋의 마음을 하나로 연결하는 도덕적인 감화의 정치가 바로 왕도 정치다. 따라서 맹자의 사상은 백성의 생명과 삶을 존중하는 정치가 중요하다고 본 민본주의 사상이라고 할 수 있다.

이처럼 사람의 생명과 삶을 존중하는 철학이었기에 맹자의 사상은 오래된 고대 철학이면서도 언제나 시대를 앞서가는 사상으로 받아들여졌던 것이다. 사람은 선하고 귀하다는 메시지가 맹자를 수천 년 후인 지금 이 자리로 불러내는 것이다.

6. 지금 여기의 맹자

유학 사상을 흔히 인간 중심주의라고 한다. 유학이 2천여 년도 넘는 세월 동안 끝없이 사람들의 생각과 실천에 깊은 영향을 줄 수 있었던 이유도 여기에 있다. 폭력에 반대하고 평화와 도덕에 기반해서 사회를 이끌어야 한다는 인본주의 사상이었기 때문에 유학은 시대가 변해도 여전히 자기 중심을 지키면서 전해져 올 수 있었다. 바로 이점 때문에 맹자의 사상은 오랜 세월 동안 동아시아가 위기에 처할 때마다 다시 등장해 그 시대를 이끌어가는 선각자들에게 실천의 동력이 되어 왔다.

맹자는 하늘과 하나가 될 수 있다는 신념으로 사람의 가능성과 주체성을 실현해 보고자 노력했고, 끝없이 자신을 반성하면서 사회와 국가, 나아가 우주 전체와 하나가 되고자 했다. 사람의 선한 본성에 뿌리를 둔 도덕적인 정치, 우주와의 소통 가능성 등은 후대에 와서 많은 사상가들에게 깊은 영향을 주었다. 시대는 바뀌었지만 아직도 맹자를 읽어야 하는 이유는 맹자가 보여 준 사람에 대한 믿음 때문이다. 사람과 사회에 대한 시대를 뛰어넘는 근본 통찰을 통해 빠르게 변화하는 현대 사회에서 우리가 잃고 있는 것이 무엇인지, 잊고 있는 것이 무엇인지 반성해 볼 수 있다.

맹자는 한 사람 한 사람이 도덕적으로 각성하고, 이것이 사회 전체로 퍼지면 여러 가지 사회 문제가 사라지고 사회가 올바르게 발전할 수 있다고 생각했다. 이 과정에서 맹자는 당시 다른 사상가들은 발견하지 못한 '실천의 주체'로서 인간을 발견했던 것이다. 시대를 움직이는 것은 결국 가족과 국가를 올바르게 이끌려는 개개인이다. 우주 전체를 주관하는 거대한 힘도, 사람의 의지로 어쩔 수 없는 자연 법칙도 아닌, 자기의 선한 본성을 실현하려는 개인의 노력에 의해서만 사회는 변화하고 발전할 수 있다.

자기 본성을 실현하려는 노력이 의미 있는 것은, 그런 노력을 통해 다른 사람과 평화롭게 살아갈 수 있기 때문이다. 한 사람 한 사람이 다른 사람에 대한 도덕적인 책임감을 가지고 도덕적인 가치를 실현해야 한다는 맹자의 사상은 '함께 살아가기 위한 철학'이라고 할 수 있다. 현대 사회에서 가장 약한 것이 바로 '함께 살아가기'라는 점을 생각할 때 맹자가 지금, 여기에 얼마나 필요한지를 새삼 느끼게 된다.

여전히 우리 사회는 여러 가지 위협에 처해 있다. 밖으로는 강대국들에 의해 무한 경쟁에 내몰리고 있고, 안으로는 이기주의에서 나온 갖가지 사회 갈등이 반복되고 있다. 겉으로는 공존을 말하면서도 속으로는 자기 이익을 위해 수단과 방법을 가리지 않는 현대 사회에서 개인은 삶의 방향을 잃고 물질의 욕망에 빠져 있다.

모든 것이 힘의 논리로, 혹은 경제 논리로 계산된다면 권력과 경제력 밖에 있는 사람이나 그 안에 있는 사람이나 모두 인간성을 잃게 될 것이다. 남을 이기려고 경쟁하는 동안 사람들은 자기 본성을 해치고 다른 사람과의 관계를 망가뜨린다.

이미 2천5백여 년 전에 이러한 결과를 염려한 맹자는 우리가 겪는 혼돈을 이겨낼 힘을 준다. 인간이 왜 존엄한지, 존엄한 인간으로서 어떻게 살아야 하는지, 인간의 존엄성을 지키기 위한 정치는 어떠해야 하는지를 제시하기 때문이다. 사람의 선한 본성에 대한 믿음, 올바른 정치에 대한 신념, 백성을 중심으로 한 민본 정치의 실현 등 맹자의 사상은 우주여행을 하고 인간 복제가 이루어질 미래에도 여전히 그 의미를 잃지 않을 것이다.

원문 찾아보기

1부 어진 정치가 천하를 구한다 – 맹자의 정치론

1. 맹자가 만난 왕들

孟子見梁襄王 出 語人曰 望之不似人君 就之而不見所畏焉 卒然問曰 天下惡乎定 吾對曰 定于一
맹자견양양왕 출 어인왈 망지불사인군 취지이불견소외언 졸연문왈 천하오호정 오대왈 정우일

孰能一之 對曰 不嗜殺人者能一之 孰能與之 對曰 天下莫不與也 王知夫苗乎七八月之間旱 則苗
숙능일지 대왈 불기살인자능일지 숙능여지 대왈 천하막불여야 왕지부묘호칠팔월지간한 즉묘

槁矣 天油然作雲 沛然下雨 則苗浡然興之矣 其如是 孰能禦之 今夫天下之人牧 未有不嗜殺人者
고의 천유연작운 패연하우 즉묘발연흥지의 기여시 숙능어지 금부천하지인목 미유불기살인자

也 如有不嗜殺人者 則天下之民皆引領而望之矣 誠如是也民歸之 由水之就下 沛然誰能禦之
야 여유불기살인자 즉천하지민개인령이망지의 성여시야민귀지 유수지취하 패연수능어지

〈양혜왕(梁惠王) 상 6〉

上無道揆也 下無法守也 朝不信道 工不信度 君子犯義 小人犯刑 國之所存者幸也
상무도규야 하무법수야 조불신도 공불신도 군자범의 소인범형 국지소존자행야

〈이루(離婁) 상 1〉

惟大人爲能格君心之非 君仁莫不仁 君義莫不義 君正莫不正 一正君而國定矣
유 대인위능격군심지비 군인막불인 군의막불의 군정막불정 일정군이국정의

〈이루(離婁) 상 20〉

孟子去齊 尹士語人曰 不識王之不可以爲湯武 則是不明也 識其不可 然且至 則是干澤也千里而見
맹자거제 윤사어인왈 불식왕지불가이위탕무 즉시불명야 식기불가 연차지 즉시간택야천리이견

王 不遇故去 三宿而後出晝 是何濡滯也 士則玆不悅 高子以告 曰 夫尹士惡知予哉 千里而見王 是
왕 불우고거 삼숙이후출주 시하유체야 사즉자불열 고자이고 왈 부윤사오지여제 천리이견왕 시
予所欲也 不遇故去 豈予所欲哉 予不得已也 予三宿而出晝 於予心猶以爲速 王庶幾改之 王如改諸
여소욕야 불우고거 개여소욕재 여부득이야 여삼숙이출주 어여심유이위속 왕서기개지 왕여개제
則必反予 夫出晝而王不予追也 予然後浩然有歸志 予雖然豈舍王哉 王由足用爲善 王如用予 則豈
즉필반여 부출주이왕불여추야 여연후호연유귀지 여수연기사왕재 왕유족용위선 왕여용여 즉기
徒齊民安 天下之民擧安 王庶幾改之 予日望之
도제민안 천하지민거안 왕서기개지 여일망지

〈공손추(公孫丑) 하 12〉

孟子見梁惠王 王曰 叟不遠千里而來 亦將有以利吾國乎 孟子對曰 王何必曰利 亦有仁義而已矣 王
맹자견양혜왕 왕왈 수불원천리이내 역장유이리오국호 맹자대왈 왕하필왈리 역유인의이이의 왕
曰 何以利吾國 大夫曰 何以利吾家 士庶人曰 何以利吾身 上下交征利而國危矣 萬乘之國弑其君
왈 하이리오국 대부왈 하이리오가 사서인왈 하이리오신 상하교정리이국위의 만승지국시기군
者 必千乘之家 千乘之國弑其君者 必百乘之家 萬取千焉 千取百焉不爲不多矣 苟爲後義而先利 不
자 필천승지가 천승지국시기군자 필백승지가 만취천언 천취백언불위불다의 구위후의이선리 불
奪不饜 未有仁而遺其親者也 未有義而後其君者也 王亦曰仁義而已矣 何必曰利
탈불염 미유인이유기친자야 미유의이후기군자야 왕역왈인의이이의 하필왈리

〈양혜왕(梁惠王) 상 1〉

鄒與魯鬨 穆公問曰 吾有司死者三十三人 而民莫之死也 誅之 則不可勝誅 不誅 則疾視其長上之
추여노홍 목공문왈 오유사사자삼십삼인 이민막지사야 주지즉불가승주 부주 즉질시기장상지
死而不救 如之何則可也 孟子對曰 凶年饑歲 君之民老弱轉乎溝壑 壯者散而之四方者 幾千人矣
사이불구 여지하즉가야 맹자대왈 흉년기세 군지민노약전호구학 장자산이지사방자 기천인의
而君之倉廩實 府庫充 有司莫以告 是上慢而殘下也 曾子曰 戒之戒之 出乎爾者 反乎爾者也 夫民
이군지창름실 부고충 유사막이고 시상만이잔하야 증자왈 계지계지 출호이자 반호이자야 부민
今而後得反之也 君無尤焉 君行仁政 斯民親其上 死其長矣
금이후득반지야 군무우언 군행인정 사민친기상 사기장의

〈양혜왕(梁惠王) 하 12〉

滕文公爲世子 將之楚 過宋而見孟子 孟子道性善 言必稱堯舜 世子自楚反 復見孟子 孟子曰 世子
등문공위세자 장지초 과송이견맹자 맹자도성선 언필칭요순 세자자초반 부견맹자 맹자왈 세자
疑吾言乎 夫道一而已矣
의오언호 부도일이이의

〈등문공(滕文公) 상 1〉

滕文公問曰 滕小國也 間於齊楚 事齊乎 事楚乎 孟子對曰 是謀非吾所能及也 無已 則有一焉鑿斯
등문공문왈 등소국야 간어제초 사제호 사초호 맹자대왈 시모비오소능급야 무이 즉유일언착사
池也 築斯城也 與民守之 效死而民弗去 則是可爲也
지야 축사성야 여민수지 효사이민불거 즉시가위야

〈양혜왕(梁惠王) 하 13〉

天時不如地利 地利不如人和 三里之城 七里之郭 環而攻之而不勝 夫環而攻之 必有得天時者矣
천시불여지리 지리불여인화 삼리지성 칠리지곽 환이공지이불승 부환이공지 필유득천시자의

然而不勝者 是天時不如地利也 城非不高也 池非不深也 兵革非不堅利也 米粟非不多也 委而去之
연이불승자 시천시불여지리야 성비불고야 지비불심야 병혁비불견리야 미속비불다야 위이거지

是地利不如人和也
시지리불여인화야

〈공손추(公孫丑) 하 1〉

齊宣王問曰 交鄰國有道乎 孟子對曰 有 惟仁者爲能以大事小 是故湯事葛 文王事昆夷 惟智者爲
제선왕문왈 교린국유도호 맹자대왈 유 유인자위능이대사소 시고탕사갈 문왕사곤이 유지자위

能以小事大 故大王事獯鬻 句踐事吳 以大事小者 樂天者也 以小事大者 畏天者也 樂天者 保天下
능이소사대 고대왕사훈육 구천사오 이대사소자 낙천자야 이소사대자 외천자야 낙천자 보천하

畏天者 保其國 詩云 畏天之威 于時保之
외천자 보기국 시운 외천지위 우시보지

〈양혜왕(梁惠王) 하 3〉

2. 덕의 정치와 힘의 정치–왕도와 패도

宋牼將之楚 孟子遇於石丘 曰 先生將何之 曰 吾聞秦楚構兵 我將見楚王說而罷之 楚王不悅 我將見
송경장지초 맹자우어석구 왈 선생장하지 왈 오문진초구병 아장견초왕설이파지 초왕불열 아장견

秦王說而罷之 二王我將有所遇焉 曰 軻也請無問其詳 願聞其指 說之將何如 曰 我將言其不利也 曰 先
진왕설이파지 이왕아장유소우언 왈 가야청무문기상 원문기지 설지장하여 왈 아장언기불리야 왈 선

生之志則大矣 先生之號則不可 先生以利說秦楚之王 秦楚之王悅於利 以罷三軍之師 是三軍之士
생지지즉대의 선생지호즉불가 선생이리설진초지왕 진초지왕열어리 이파삼군지사 시삼군지사

樂罷而悅於利也 爲人臣者 懷利以事其君 爲人子者 懷利以事其父 爲人弟者 懷利以事其兄 是君臣父
낙파이열어리야 위인신자 회리이사기군 위인자자 회리이사기부 위인제자 회리이사기형 시군신부

子兄弟終去仁義 懷利以相接 然而不亡者 未之有也 先生以仁義 說秦楚之王 秦楚之王悅於仁義 而
자형제종거인의 회리이상접 연이불망자 미지유야 선생이인의 설진초지왕 진초지왕열어인의 이

罷三軍之師 是三軍之士 樂罷而悅於仁義也 爲人臣者 懷仁義以事其君 爲人子者 懷仁義以事其父
파삼군지사 시삼군지사 낙파이열어인의야 위인신자 회인의이사기군 위인자자 회인의이사기부

爲人弟者 懷仁義以事其兄 是君臣父子兄弟去利 懷仁義以相接也 然而不王者 未之有也 何必曰利
위인제자 회인의이사기형 시군신부자형제거리 회인의이상접야 연이불왕자 미지유야 하필왈리

〈고자(告子) 하 4〉

梁惠王曰 晉國 天下莫强焉 叟之所知也 及寡人之身 東敗於齊 長子死焉 西喪地於秦七百里 南辱
양혜왕왈 진국 천하막강언 수지소지야 급과인지신 동패어제 장자사언 서상지어진칠백리 남욕

於楚 寡人恥之 願比死者壹洒之 如之何則可 孟子對曰 地方百里而可以王 王如施仁政於民 省刑
어초 과인치지 원비사자일세지 여지하즉가 맹자대왈 지방백리이가이왕 왕여시인정어민 생형

罰 薄稅斂 深耕易耨 壯者以暇日修其孝悌忠信 入以事其父兄 出以事其長上 可使制挺以撻秦楚之
벌 박세렴 심경이누 장자이가일수기효제충신 입이사기부형 출이사기장상 가사제정이달진초지

堅甲利兵矣 彼奪其民時 使不得耕耨以養其父母 父母凍餓 兄弟妻子離散 彼陷溺其民 王往而征之
견갑리병의 피탈기민시 사부득경누이양기부모 부모동아 형제처자리산 피함닉기민 왕왕이정지

夫誰與王敵 故曰 仁者無敵 王請勿疑
부수여왕적 고왈 인자무적 왕청물의

〈양혜왕(梁惠王) 상 5〉

孟子曰 三代之得天下也以仁 其失天下也以不仁國之所以廢興存亡者亦然 天子不仁 不保四海 諸
맹자왈 삼대지득천하야이인 기실천하야이불인국지소이폐흥존망자역연 천자불인 불보사해 제
侯不仁 不保社稷 卿大夫不仁 不保宗廟 士庶人不仁 不保四體
후불인 불보사직 경대부불인 불보종묘 사서인불인 불보사체

〈이루(離婁) 상 3〉

孟子曰 天下有道 小德役大德 小賢役大賢 天下無道 小役大 弱役强 斯二者天也 順天者存 逆天者
맹자왈 천하유도 소덕역대덕 소현역대현 천하무도 소역대 약역강 사이자천야 순천자존 역천자
亡 孔子曰 仁不可爲衆也 夫國君好仁 天下無敵 今也 欲無敵於天下而不以仁 是猶執熱而不以濯也
망 공자왈 인불가위중야 부국군호인 천하무적 금야 욕무적어천하이불이인 시유집열이불이탁야

〈이루(離婁) 상 7〉

書曰 湯一征 自葛始 天下信之 東面而征 西夷怨 南面而征 北狄怨 曰 奚爲後我 民望之 若大旱之
서왈 탕일정 자갈시 천하신지 동면이정 서이원 남면이정 북적원 왈 해위후아 민망지 약대한지
望雲霓也 誅其君而弔其民 若時雨降 民大悅 書曰 奚我后 后來其蘇
망운예야 주기군이조기민 약시우강 민대열 서왈 해아후 후래기소

〈양혜왕(梁惠王) 하 11〉

孟子曰 以力假仁者霸 霸必有大國 以德行仁者王 王不待大 湯以七十里 文王以百里 以力服人者
맹자왈 이력가인자패 패필유대국 이덕행인자왕 왕부대대 탕이칠십리 문왕이백리 이력복인자
非心服也 力不贍也 以德服人者 中心悅而誠服也 如七十子之服孔子也
비심복야 역부섬야 이덕복인자 중심열이성복야 여칠십자지복공자야

〈공손추(公孫丑) 상 3〉

孟子曰 覇者之民 驩虞如也 王者之民 皡皡如也 殺之而不怨 利之而不庸 民日遷善而不知爲之者
맹자왈 패자지민 환우여야 왕자지민 호호여야 살지이불원 이지이불용 민일천선이부지위지자

〈진심(盡心) 상 13〉

曰 德何如則可以王矣 曰 保民而王 莫之能禦也 曰 若寡人者 可以保民乎哉 曰 可 曰 何由知吾可
왈 덕하여즉가이왕의 왈 보민이왕 막지능어야 왈 약과인자 가이보민호재 왈 가 왈 하유지오가
也 曰 臣聞之胡齕 曰 王坐於堂上 有牽牛而過堂下者 王見之 曰 牛何之 對曰 將以釁鐘 王曰 舍之
야 왈 신문지호흘 왈 왕좌어당상 유견우이과당하자 왕견지 왈 우하지 대왈 장이흔종 왕왈 사지
吾不忍其觳觫 若無罪而就死地 對曰 然則廢釁鐘與 曰 何可廢也 以羊易之 不識有諸 曰 有之 曰
오불인기곡속 약무죄이취사지 대왈 연즉폐흔종여 왈 하가폐야 이양역지 불식유제 왈 유지 왈
是心足以王矣 百姓皆以王爲愛也 臣固知王之不忍也 王曰 然誠有百姓者 齊國雖褊小 吾何愛一
시심족이왕의 백성개이왕위애야 신고지왕지불인야 왕왈 연성유백성자 제국수편소 오하애일
牛 卽不忍其觳觫 若無罪而就死地 故以羊易之也 曰 王無異於百姓之以王爲愛也 以小易大 彼惡
우 즉불인기곡속 약무죄이취사지 고이양역지야 왈 왕무리어백성지이왕위애야 이소역대 피오
知之 王若隱其無罪而就死地 則牛羊何擇焉 王笑曰 是誠何心哉 我非愛其財 而易之以羊也 宜乎
지지 왕약은기무죄이취사지 즉우양하택언 왕소왈 시성하심재 아비애기재 이역지이양야 의호

百姓之謂我愛也 曰 無傷也 是乃仁術也 見牛未見羊也 君子之於禽獸也 見其生 不忍見其死 聞其
백성지위아애야 왈 무상야 시내인술야 견우미견양야 군자지어금수야 견기생 불인견기사 문기

聲 不忍食其肉 是以君子遠庖廚也 王說曰 詩云 他人有心 子忖度之 夫子之謂也 夫我乃行之 反而
성 불인식기육 시이군자원포주야 왕열왈 시운 타인유심 여촌탁지 부자지위야 부아내행지 반이

求之 不得吾心 夫子言之 於我心有戚戚焉 此心之所以合於王者 何也 曰 有復於王者曰 吾力足以
구지 부득오심 부자언지 어아심유척척언 차심지소이합어왕자 하야 왈 유복어왕자왈 오력족이

擧百鈞而不足以擧一羽 明足以察秋毫之末 而不見輿薪 則王許之乎 曰 否 今恩足以及禽獸 而功
거백균이부족이거일우 명족이찰추호지말 이불견여신 즉왕허지호 왈 부 금은족이급금수 이공

不至於白姓者 獨何與 然則一羽之不擧 爲不用力焉 輿薪之不見 爲不用明焉 百姓之不見保 爲不
부지어백성자 독하여 연즉일우지불거 위불용력언 여신지불견 위불용명언 백성지불견보 위불

用恩焉 故王之不王 不爲也 非不能也 曰 不爲者與不能者之形何以異 曰 挾太山以超北海 語人曰
용은언 고왕지불왕 불위야 비불능야 왈 불위자여불능자지형하이이 왈 협대신이초북해 어인왈

我不能 是誠不能也 爲長者折枝 語人曰 我不能 是不爲也 非不能也故王之不王 非挾太山以超北
아불능 시성불능야 위장자절지 어인왈 아불능 시불위야 비불능야고왕지불왕 비협태산이초북

海之類也 王之不王 是折枝之類也 老吾老 以及人之老 幼吾幼 以及人之幼 天下可運於掌 詩云 刑
해지류야 왕지불왕 시절지지류야 노오노 이급인지노 유오유 이급인지유 천하가운어장 시운 형

于寡妻 至于兄弟 以御于家邦 言擧斯心·加諸彼而已 故推恩足以保四海 不推恩無以保妻子 古之
우과처 지우형제 이어우가방 언거사심·가제피이이 고추은족이보사해 불추은무이보처자 고지

人所以大過人者無他焉 善推其所爲而已矣 今恩足以及禽獸 而功不至於百姓者 獨何與
인소이대과인자무타언 선추기소위이이의 금은족이급금수 이공부지어백성자 독하여

<양혜왕(梁惠王) 상 7>

梁惠王曰 寡人之於國也 盡心焉耳矣 河內凶 則移其民於河東 移其粟於河內 河東凶亦然 察鄰國
양혜왕왈 과인지어국야 진심언이의 하내흉즉이기민어하동 이기속어하내 하동흉역연 찰인국

之政 無如寡人之用心者 鄰國之民不加少 寡人之民不加多 何也 孟子對曰 王好戰 請以戰喩 塡然
지정 무여과인지용심자 인국지민부가소 과인지민부가다 하야 맹자대왈 왕호전 청이전유 전연

鼓之 兵刃旣接 棄甲曳兵而走 或百步而後止 或五十步而後止 以五十步笑百步 則何如 曰 不可
고지 병인기접 기갑예병이주 혹백보이후지 혹오십보이후지 이오십보소백보즉하여 왈 부가

直不百步耳 是亦走也 曰 王如知此 則無望民之多於鄰國也
직불백보이 시역주야 왈 왕여지차 즉무망민지다어인국야

<양혜왕(梁惠王) 상 3>

3. 왕도 정치로 가는 길

不違農時 穀不可勝食也 數罟不入洿池 魚鼈不可勝食也 斧斤以時入山林 材木不可勝用也 穀與魚
불위농시 곡불가승식야 촉고부입오지 어별불가승식야 부근이시입산림 재목불가승용야 곡여어

鼈不可勝食 材木不可勝用 是使民養生喪死無憾也 養生喪死無憾 王道之始也
별불가승식 재목불가승용 시사민양생상사무감야 양생상사무감 왕도지시야

〈양혜왕(梁惠王) 상 3〉

使畢戰問井地 孟子曰 子之君將行仁政 選擇而使子 子必勉之 夫仁政 必自經界始 經界不正 井地
사필전문정지 맹자왈 자지군장행인정 선택이사자 자필면지 부인정 필자경계시 경계불정 정지

不均 穀祿不平 是故暴君汚吏 必慢其經界 經界旣正 分田制祿 可坐而定也 夫滕壤地褊小 將爲君子
불균 곡록불평 시고폭군오리 필만기경계 경계기정 분전제록 가좌이정야 부등양지편소 장위군자

焉 將爲野人焉 無君子 莫治野人 無野人 莫養君子 請野九一而助 國中什一使自賦 卿以下必有圭
언 장위야인언 무군자 막치야인 무야인 막양군자 청야구일이조 국중십일사자부 경이하필유규

田 圭田五十畝 餘夫二十五畝 死徙無出鄕 鄕田同井 出入相友 守望相助 疾病相扶持 則百姓親睦
전 규전오십묘 여부이십오묘 사사무출향 향전동정 출입상우 수망상조 질병상부지 즉백성친목

方里而井 井九百畝 其中爲公田 八家皆私百畝 同養公田 公事畢 然後敢治私事 所以別野人也 此
방리이정 정구백묘 기중위공전 팔가개사백묘 동양공전 공사필 연후감치사사 소이별야인야 차

其大略也 若夫潤澤之 則在君與子矣
기대략야 약부윤택지 즉재군여자의

〈등문공(滕文公) 상 3〉

爭地以戰 殺人盈野 爭城以戰 殺人盈城 此所謂率土地而食人肉 罪不容於死
쟁지이전 살인영야 쟁성이전 살인영성 차소위솔토지이식인육 죄불용어사

〈이루(離婁) 상 14〉

孟子曰 尊賢使能 俊傑在位 則天下之士皆悅而願立於其朝矣 市廛而不征 法而不廛 則天下之商皆
맹자왈 존현사능 준걸재위 즉천하지사개열이원립어기조의 시전이부정 법이부전즉천하지상개

悅而願藏於其市矣 關譏而不征 則天下之旅皆悅而願出於其路矣 耕者助而不稅 則天下之農皆悅
열이원장어기시의 관기이부정즉천하지려 개열이원출어기노의 경자조이부세 즉천하지농개열

而願耕於其野矣 廛無夫里之布 則天下之民皆悅而願爲之氓矣 信能行此五者 則鄰國之民仰之若
이원경어기야의 전무부리지포즉천하지민개열이원위지맹의 신능행차오자 즉인국지민앙지약

父母矣 率其子弟 攻其父母 自生民以來 未有能濟者也 如此 則無敵於天下 無敵於天下者 天吏也
부모의 솔기자제 공기부모 자생민이래 미유능제자야 여차 즉무적어천하 무적어천하자 천리야

然而不王者 未之有也
연이불왕자 미지유야

〈공손추(公孫丑) 상 5〉

夏后氏五十而貢 殷人七十而助 周人百畝而徹 其實皆什一也 徹者 徹也 助者 藉也 龍子曰 治地
하후씨오십이공 은인칠십이조 주인백묘이철 기실개십일야 철자 철야 조자 자야 용자왈 치지

莫善於助 莫不善於貢 貢者 挍數歲之中以爲常 樂歲 粒米狼戾 多取之而不爲虐 則寡取之 凶年 糞
막선어조 막불선어공 공자 교수세지중이위상 락세 립미랑려 다취지이불위학 즉과취지 흉년 분

其田而不足 則必取盈焉 爲民父母 使民盻盻然 將終歲勤動 不得以養其父母 又稱貸而益之 使老
기전이부족 즉필취영언 위민부모 사민혜혜연 장종세근동 부득이양기부모 우칭대이익지 사노

稚轉乎溝壑 惡在其爲民父母也
치전호구학 오재기위민부모야

〈등문공(滕文公) 상 3〉

戴盈之日 什一 去關市之征 今兹未能 請輕之 以待來年 然後已 何如 孟子曰 今有人日攘其鄰之雞
대영지왈 십일 거관시지정 금자미능 청경지 이대래년 연후이 하여 맹자왈 금유인일양기린지계

者 或告之曰 是非君子之道 曰 請損之 月攘一雞 以待來年 然後已 如知其非義 斯速已矣 何待來年
자 혹고지왈 시비군자지도 왈 청손지 월양일계 이대래년 연후이 여지기비의 사속이의 하대래년

〈등문공(滕文公) 하 8〉

孟子曰 有布縷之征 粟米之征 力役之征 君子用其一 緩其二 用其二而民有殍 用其三而父子離
맹자왈 유포누지정 속미지정 역역지정 군자용기일 완기이 용기이이민유표 용기삼이부자리

〈진심(盡心) 하 27〉

王曰 王政可得聞與 對曰 昔者文王之治岐也 耕者九一 仕者世祿 關市譏而不征 澤梁無禁 罪人不
왕왈 왕정가득문여 대왈 석자문왕지치기야 경자구일 사자세녹 관시기이부정 택량무금 죄인불

孥 老而無妻曰鰥 老而無夫曰寡 老而無子曰獨 幼而無父曰孤 此四者 天下之窮民而無告者 文王
노 노이무처왈환 노이무부왈과 노이무자왈독 유이무부왈고 차사자 천하지궁민이무고자 문왕

發政施仁 必先斯四者
발정시인 필선사사자

〈양혜왕(梁惠王) 하 5〉

孟子曰 易其田疇 薄其稅斂 民可使富也 食之以時 用之以禮 財不可勝用也 民非水火不生活 昏暮叩
맹자왈 역기전주 박기세렴 민가사부야 식지이시 용지이례 재불가승용야 민비수화불생활 혼모고

人之門戶 求水火 無弗與者 至足矣 聖人治天下 使有菽粟如水火 菽粟如水火 而民焉有不仁者乎
인지문호 구수화 무불여자 지족의 성인치천하 사유숙속여수화 숙속여수화 이민언유불인자호

〈진심(盡心) 상 23〉

五畝之宅 樹之以桑 五十者可以衣帛矣 雞豚狗彘之畜 無失其時 七十者可以食肉矣 百畝之田 勿
오묘지댁 수지이상 오십자가이의백의 계돈구체지축 무실기시 칠십자가이식육의 백묘지전 물

奪其時 數口之家 可以無飢矣 謹庠序之敎 申之以孝悌之養 頒白者不負戴於道路矣 七十者衣帛食
탈기시 수구지가 가이무기의 근상서지교 신지이효제지양 반백자불부대어도로의 칠십자의백식

肉 黎民不飢不寒 然而不王者 未之有也
육 려민불기불한 연이불왕자 미지유야

〈양혜왕(梁惠王) 상 3〉

設爲庠序學校以敎之 庠者 養也 校者 敎也 序者 射也 夏曰校 殷曰序 周曰庠 學則三代共之 皆所
설위상서학교이교지 상자 양야 교자 교야 서자 사야 하왈교 은왈서 주왈상 학즉삼대공지 개소

以明人倫也 人倫明於上 小民親於下
이명인륜야 인륜명어상 소민친어하

〈등문공(梁文公) 상 3〉

孟子曰 仁言不如仁聲之入人深也 善政不如善教之得民也 善政 民畏之 善教 民愛之 善政得民財
맹자왈 인언불여인성지입인심야 선정불여선교지득민야 선정 민외지 선교 민애지 선정득민재
善教得民心
선교득민심

4. 백성의 마음이 하늘의 마음이다–맹자의 민본주의

孟子曰 民爲貴 社稷次之 君爲輕
맹자왈 민위귀 사직차지 군위경

〈진심(盡心) 하 14〉

孟子曰 桀紂之失天下也 失其民也 失其民者 失其心也 得天下有道 得其民 斯得天下矣 得其民有道
맹자왈 걸주지실천하야 실기민야 실기민자 실기심야 득천하유도 득기민 사득천하의 득기민유도
得其心 斯得民矣 得其心有道 所欲與之聚之 所惡勿施爾也 民之歸仁也 猶水之就下 獸之走壙也
득기심 사득민의 득기심유도 소욕여지취지 소오물시이야 민지귀인야 유수지취하 수지주광야

〈이루(離婁) 상 9〉

故爲淵敺魚者 獺也 爲叢敺爵者 鸇也 爲湯武敺民者 桀與紂也 今天下之君有好仁者 則諸侯皆爲之
고위연구어자 달야 위총구작자 전야 위탕무구민자 걸여주야 금천하지군유호인자 즉제후개위지
敺矣 雖欲無王 不可得已 今之欲王者 猶七年之病 求三年之艾也 苟爲不畜 終身不得 苟不志於仁
구의 수욕무왕 불가득이 금지욕왕자 유칠년지병 구삼년지애야 구위불축 종신부득 구부지어인
終身憂辱 以陷於死亡
종신우욕 이함어사망

〈이루(離婁) 상 9〉

王曰 吾何以識其不才而舍之 曰 國君進賢 如不得已 將使卑踰尊 疏踰戚 可不愼與 左右皆曰賢 未
왕왈 오하이식기부재이사지 왈 국군진현 여부득이 장사비유존 소유척 가불신여 좌우개왈현 미
可也 諸大夫皆曰賢 未可也 國人皆曰賢 然後察之 見賢焉 然後用之 左右皆曰不可 勿聽 諸大夫皆
가야 제대부개왈현 미가야 국인개왈현 연후찰지 견현언 연후용지 좌우개왈불가 물청 제대부개
曰不可 勿聽 國人皆曰不可 然後察之 見不可焉 然後去之 左右皆曰可殺 勿聽 諸大夫皆曰可殺 勿
왈불가 물청 국인개왈불가 연후찰지 견불가언 연후거지 좌우개왈가살 물청 제대부개왈가살 물
聽 國人皆曰可殺 然後察之 見可殺焉 然後殺之 故曰 國人殺之也 如此 然後可以爲民父母
청 국인개왈가살 연후찰지 견가살언 연후살지 고왈 국인살지야 여차 연후가이위민부모

〈양혜왕(梁惠王) 하 7〉

萬章曰 堯以天下與舜 有諸 孟子曰 否 天子不能以天下與人 然則舜有天下也 孰與之 曰 天與之 天
만장왈 요이천하여순 유제 맹자왈 부 천자불능이천하여인 연즉순유천하야 숙여지 왈 천여지 천
與之者 諄諄然命之乎 曰 否 天不言 以行與事示之而已矣 曰 以行與事示之者如之何 曰 天子能薦
여지자 순순연명지호 왈 부 천불언 이행여사시지이이의 왈 이행여사시지자여지하 왈 천자능천
人於天 不能使天與之天下 諸侯能薦人於天子 不能使天子與之諸侯 大夫能薦人於諸侯 不能使諸侯
인어천 불능사천여지천하 제후능천인어천자 불능사천자여지제후 대부능천인어제후 불능사제후

與之大夫 昔者堯薦舜於天而天受之 暴之於民而民受之 故曰 天不言 以行與事示之而已矣 曰 敢問
여지대부 석자요천순어천이천수지 폭지어민이민수지 고왈 천불언 이행여사시지이이의 왈 감문

薦之於天而天受之 暴之於民而民受之 如何 曰 使之主祭而百神享之 是天受之 使之主事而事治 百
천지어천이천수지 폭지어민이민수지 여하 왈 사지주제이백신향지 시천수지 사지주사이사치 백

姓安之 是民受之也 天與之 人與之 故曰 天子不能以天下與人 舜相堯二十有八載 非人之所能爲也
성안지 시민수지야 천여지 인여지 고왈 천자불능이천하여인 순상요이십유팔재 비인지소능위야

天也 堯崩 三年之喪畢 舜避堯之子於南河之南 天下諸侯朝覲者 不之堯之子而之舜 訟獄者 不之堯
천야 요붕 삼년지상필 순피요지자어남하지남 천하제후조근자 부지요지자이지순 송옥자 부지요

之子而之舜 謳歌者 不謳歌堯之子而謳歌舜 故曰天也 夫然後之中國 踐天子位焉 而居堯之宮 逼
지자이지순 구가자 불구가요지자이구가순 고왈천야 부연후지중국 천천자위언 이거요지궁 핍

堯之子是簒也 非天與也 太誓曰 天視自我民視 天聽自我民聽 此之謂也
요지자시찬야 비천여야 대서왈 천시자아민시 천청자아민청 차지위야

〈만장(萬章) 상 5〉

詩云 周雖舊邦 其命惟新 文王之謂也 子力行之 亦以新子之國
시운 주수구방 기명유신 문왕지위야 자력행지 역이신자지국

〈등문공(滕文公) 상 3〉

是故明君制民之産 必使仰足以事父母 俯足以畜妻子 樂歲終身飽 凶年免於死亡 然後驅而之善 故
시고명군제민지산 필사앙족이사부모 부족이흑처자 낙세종신포 흉년면어사망 연후구이지선 고

民之從之也輕
민지종지야경

〈양혜왕(梁惠王) 상 7〉

孟子見梁惠王 王立於沼上 顧鴻雁麋鹿 曰 賢者亦樂此乎 孟子對曰 賢者而後樂此 不賢者雖有此
맹자견양혜왕 왕립어소상 고홍안미록 왈 현자역락차호 맹자대왈 현자이후락차 부현자수유차

不樂也 詩云 經始靈臺 經之營之 庶民攻之 不日成之 經始勿亟 庶民子來 王在靈囿 麀鹿攸伏 麀
불락야 시운 경시영대 경지영지 서민공지 부일성지 경시물극 서민자래 왕재영유 우록유복 우

鹿濯濯 白鳥鶴鶴 王在靈沼 於牣魚躍 文王以民力爲臺爲沼 而民歡樂之 謂其臺曰靈臺 謂其沼曰
록탁탁 백조학학 왕재영소 어인어약 문왕이민력위대위소 이민환락지 위기대왈영대 위기소왈

靈沼 樂其有麋鹿魚鼈 古之人與民偕樂 故能樂也 湯誓曰 時日害喪 予及女偕亡 民欲與之偕亡 雖
영소 낙기유미록어별 고지인여민해락 고능락야 탕서왈 시일해상 여급여해망 민욕여지해망 수

有臺池鳥獸 豈能獨樂哉
유대지조수 개능독락재

〈양혜왕(梁惠王) 상 2〉

齊宣王見孟子於雪宮 王曰 賢者亦有此樂乎 孟子對曰 有 人不得 則非其上矣 不得而非其上者 非
제선왕견맹자어설궁 왕왈 현자역유차락호 맹자대왈 유 인부득 즉비기상의 부득이비기상자 비

也 爲民上而不與民同樂者 亦非也 樂民之樂者 民亦樂其樂 憂民之憂者 民亦憂其憂 樂以天下 憂
야 위민상이불여민동락자 역비야 락민지락자 민역락기락 우민지우자 민역우기우 락이천하 우

以天下 然而不王者 未之有也
이천하 연이불왕자 미지유야

〈양혜왕(梁惠王) 하 4〉

莊暴見孟子曰 暴見於王 王語暴以好樂 暴未有以對也 曰 好樂何如 孟子曰 王之好樂甚則齊國其
장포견맹자왈 포현어왕 왕어포이호악 포미유이대야 왈 호악하여 맹자왈 왕지호악심즉제국기

庶幾乎 他 日 見於王曰 王嘗語莊子以好樂 有諸 王變乎色 曰 寡人非能好先王之樂也 直好世俗之
서기호 타일 견어왕왈 왕상어장자이호악 유제 왕변호색 왈 과인비능호선왕지악야 직호세속지

樂耳 曰 王之好樂甚 則齊其庶幾乎 今之樂猶古之樂也 曰 可得聞與曰 獨樂樂 與人樂樂 孰樂 曰
악이 왈 왕지호악심즉제기서기호 금지락유고지악야 왈 가득문여왈 독락악 여인락악 숙락 왈

不若與人 曰 與少樂樂 與衆樂樂 孰樂 曰 不若與衆 臣請爲王言樂 今王鼓樂於此 百姓聞王鐘鼓之
불약여인 왈 여소락악 여중락악 숙락 왈 불약여중 신청위왕언락 금왕고악어차 백성문왕종고지

聲 管籥之音 擧疾首蹙頞而相告曰 吾王之好鼓樂 夫何使我至於此極也 父子不相見 兄弟妻子離散
성 관약지음 거질수축알이상고왈 오왕지호고악 부하사아지어차극야 부자불상견 형제처자이산

今王田獵於此 百姓聞王車馬之音 見羽旄之美 擧疾首蹙頞而相告曰 吾王之好田獵 夫何使我至於
금왕전렵어차 백성문왕거마지음 견우모지미 거질수축알이상고왈 오왕지호전렵 부하사아지어

此極也 父子不相見 兄弟妻子離散 此無他 不與民同樂也 今王鼓樂於此 百姓聞王鐘鼓之聲 管籥
차극야 부자불상견 형제처자이산 차무타 부여민동락야 금왕고락어차 백성문왕종고지성 관약

之音 擧欣欣然有喜色而相告曰 吾王庶幾無疾病與 何以能鼓樂也 今王田獵於此 百姓聞王車馬之
지음 거흔흔연유희색이상고왈 오왕서기무질병여 하이능고악야 금왕전렵어차 백성문왕거마지

音 見羽旄之美 擧欣欣然有喜色而相告曰 吾王庶幾無疾病與 何以能田獵也 此無他 與民同樂也 今
음 견우모지미 거흔흔연유희색이상고왈 오왕서기무질병여 하이능전렵야 차무타 여민동락야 금

王與百姓同樂 則王矣
왕여백성동락 즉왕의

〈양혜왕(梁惠王) 하 1〉

梁惠王曰 寡人願安承教 孟子對曰 殺人以梃與刃 有以異乎 曰 無以異也 以刃與政 有以異乎 曰 無
양혜왕왈 과인원안승교 맹자대왈 살인이정여인 유이이호 왈 무이이야 이인여정 유이이호 왈 무

以異也 曰 庖有肥肉 廐有肥馬 民有飢色 野有餓莩 此率獸而食人也 獸相食 且人惡 爲民父母 行
이이야 왈 포유비육 구유비마 민유기색 야유아부 차솔수이식인야 수상식 차인악지 위민부모 행

政不免於率獸而食人 惡在其爲民父母也
정불면어솔수이식인 오재기위민부모야

〈양혜왕(梁惠王) 상 4〉

齊宣王問曰 湯放桀 武王伐紂 有諸 孟子對曰 於傳有之 曰 臣弑其君 可乎 曰 賊仁者謂之賊 賊義
제선왕문왈 탕방걸 무왕벌주 유제 맹자대왈 어전유지 왈 신시기군 가호 왈 적인자위지적 적의

者謂之殘 殘賊之人謂之一夫 聞誅一夫紂矣 未聞弑君也
자위지잔 잔적지인위지일부 문주일부주의 미문시군야

〈양혜왕(梁惠王) 하 8〉

公孫丑曰 伊尹曰 予不狎于不順 放太甲于桐 民大悅 太甲賢 又反之 民大悅 賢者之爲人臣也 其君不
공손추왈 이윤왈 여불압우불순 방태갑우동 민대열 태갑현 우반지 민대열 현자지위인신야 기군불

賢 則固可放與 孟子曰 有伊尹之志 則可 無伊尹之志 則簒也
현 즉고가방여 맹자왈 유이윤지지 즉가 무이윤지지 즉찬야

〈진심(盡心) 상 31〉

2부 사람의 선한 본성이 사회를 구한다 – 맹자의 인간본성론

1. 사람은 누구나 선하다

孟子曰 人皆有不忍人之心 今人乍見 孺子將入於井 皆有怵惕惻隱之心 非所以內交於孺子之父母
맹자왈 인개유불인인지심 금인사견 유자장입어정 개유출척측은지심 비소이내교어유자지부모
也 非所以要譽於鄕黨朋友也 非惡其聲而然也 由是觀之 無惻隱之心 非人也 無羞惡之心 非人也
야 비소이요예어향당붕우야 비오기성이연야 유시관지 무측은지심 비인야 무수오지심 비인야
無辭讓之心 非人也 無是非之心 非人也
무사양지심 비인야 무시비지심 비인야

〈공손추(公孫丑) 상 6〉

惻隱之心 仁之端也 羞惡之心 義之端也 辭讓之心 禮之端也 是非之心 智之端也 人之有是四端也
측은지심 인지단야 수오지심 의지단야 사양지심 예지단야 시비지심 지지단야 인지유시사단야
猶其有四體也 凡有四端於我者 知皆擴而充之矣 若火之始然 泉之始達 苟能充之 足以保四海 苟
유기유사체야 범유사단어아자 지개확이충지의 약화지시연 천지시달 구능충지 족이보사해 구
不充之 不足以事父母
불충지 부족이사부모

〈공손추(公孫丑) 상 6〉

惻隱之心 仁也 羞惡之心 義也 恭敬之心 禮也 是非之心 智也
측은지심 인야 수오지심 의야 공경지심 예야 시비지심 지야

〈고자(告子) 상 6〉

曰 仁人之於弟也 不藏怒焉 不宿怨焉 親愛之而已矣 親之 欲其貴也 愛之 欲其富也
왈 인인지어제야 부장노언 불숙원언 친애지이이의 친지 욕기귀야 애지 욕기부야

〈만장(萬章) 상 3〉

夫仁 天之尊爵也 人之安宅也 莫之禦而不仁 是不智也 不仁 不智 無禮 無義 人役也 人役而恥爲役
부인 천지존작야 인지안택야 막지어이불인 시부지야 불인 부지 무례 무의 인역야 인역이치위역
由弓人而恥爲弓 矢人而恥爲矢也 如恥之 莫如爲仁者如射 射者正己而後發 發而不中 不怨勝
유궁인이치위궁 시인이치위시야 여치지 막여위인인자여사 사자정기이후발 발이부중 부원승
己者 反求諸己而已矣
기자 반구제기이이의

〈공손추(公孫丑) 상 7〉

伊尹耕於有莘之野 而樂堯舜之道焉 非其義也 非其道也 祿之以天下 弗顧也 繫馬千駟弗視也 非
이윤경어유신지야 이락요순지도언 비기의야 비기도야 록지이천하 불고야 계마천사불시야 비
其義也 非其道也 一介不以與人 一介不以取諸人
기의야 비기도야 일개불이여인 일개불이취제인

〈만장(萬章) 상 7〉

魚 我所欲也 熊掌亦我所欲也 二者不可得兼 舍魚而取熊掌者也 生亦我所欲也 義亦我所欲也 二
어 아소욕야 웅장역아소욕야 이자불가득겸 사어이취웅장자야 생역아소욕야 의역아소욕야 이
者不可得兼 舍生而取義者也
자불가득겸 사생이취의자야
〈고자(告子) 상 10〉

孟子曰 仁之實 事親是也 義之實 從兄是也 智之實 知斯二者弗去是也 禮之實 節文斯二者是也 樂
맹자왈 인지실 사친시야 의지실 종형시야 지지실 지사이자불거시야 예지실 절문사이자시야 악
之實 樂斯二者
지실 락사이자
〈이루(離婁) 상 27〉

孟子曰 道在爾而求諸遠 事在易而求之難 人人親其親 長其長而天下平
맹자왈 도재이이구제원 사재역이구지난 인인친기친 장기장이천하평
〈이루(離婁) 상 11〉

孟子曰 事孰爲大 事親爲大 守孰爲大 守身爲大 不失其身而能事其親者 吾聞之矣 失其身而能事
맹자왈 사숙위대 사친위대 수숙위대 수신위대 부실기신이능사기친자 오문지의 실기신이능사
其親者 吾未之聞也 孰不爲事 事親 事之本也 孰不爲守 守身 守之本也
기친자 오미지문야 숙불위사 사친 사지본야 숙불위수 수신 수지본야
〈이루(離婁) 상 19〉

仁義禮智 非由外鑠我也 我固有之也 弗思耳矣 求則得之 舍則失之
인의례지 비유외삭아야 아고유지야 불사이의 구즉득지 사즉실지
〈고자(告子) 상 6〉

孟子曰 人之所不學而能者 其良能也 所不慮而知者 其良知也 孩提之童 無不知愛其親者 及其長
맹자왈 인지소불학이능자 기양능야 소불려이지자 기양지야 해제지동 무부지애기친자 급기장
也 無不知敬其兄也 親親 仁也 敬長 義也
야 무부지경기형야 친친 인야 경장 의야
〈진심(盡心) 상 15〉

惻隱之心 人皆有之 羞惡之心 人皆有之 恭敬之心 人皆有之 是非之心 人皆有之
측은지심 인개유지 수오지심 인개유지 공경지심 인개유지 시비지심 인개유지
〈고자(告子) 상 6〉

公都子曰 告子曰 性無善無不善也 或曰 性可以爲善 可以爲不善 是故文武興 則民好善 幽厲興 則
공도자왈 고자왈 성무선무불선야 혹왈 성가이위선 가이위불선 시고문무흥 즉민호선 유려흥 즉
民好暴 或曰 有性善 有性不善 是故以堯爲君而有象 以瞽瞍爲父而有舜 以紂爲兄之子 且以爲君
민호포 혹왈 유성선 유성불선 시고이요위군이유상 이고수위부이유순 이주위형지자 차이위군
而有微子啓 王子比干 今曰性善 然則彼皆非與 孟子曰 乃若其情 則可以爲善矣 乃所謂善也 若夫
이유미자계 왕자비간 금왈성선 연즉피개비여 맹자왈 내약기정 즉가이위선의 내소위선야 약부
爲不善 非才其罪也
위불선 비재기죄야
〈고자(告子) 상 6〉

耳目之官不思 而蔽於物 物交物 則引之而已矣
이목지관불사 이폐어물 물교물 즉인지이이의

〈고자(告子) 상 15〉

富歲 子弟多賴 凶歲 子弟多暴 非天之降才爾殊也 其所以陷溺其心者然也
부세 자제다뢰 흉세 자제다포 비천지강재이수야 기소이함닉기심자연야

〈고자(告子) 상 7〉

孟子曰 牛山之木嘗美矣 以其郊於大國也 斧斤伐之 可以爲美乎 是其日夜之所息 雨雲之所潤 非
맹자왈 우산지목상미의 이기교어대국야 부근벌지 가이위미호 시기일야지소식 우운지소윤 비
無萌蘗之生焉 牛羊又從而牧之 是以若彼濯濯也 人見其濯濯也 以爲未嘗有材焉 此豈山之性也哉
무 맹얼지생언 우양우종이목지 시이약피탁탁야 인견기탁탁야 이위미상유재언 차기산지성야재
雖存乎人者 豈無仁義之心哉 其所以放其良心者 亦猶斧斤之於木也 旦旦而伐之 可以爲美乎
수존호인자 기무인의지심재 기소이방기양심자 역유부근지어목야 단단이벌지 가이위미호

〈고자(告子) 상 8〉

2. 인의는 마음에 뿌리박혀 있다-고자와의 논쟁

告子曰 性猶杞柳也 義猶桮棬也 以人性爲仁義 猶以杞柳爲桮棬 孟子曰 子能順杞柳之性而以爲
고자왈 성유기류야 의유배권야 이인성위인의 유이기류위배권 맹자왈 자능순기류지성이이위
桮棬乎 將戕賊杞柳而後以爲桮棬也 如將戕賊杞柳而以爲桮棬 則亦將戕賊人以爲仁義與 率天下
배권호 장장적기류이후이위배권야 여장장적기류이이위배권 즉역장장적인이위인의여 솔천하
之人而禍仁義者 必子之言夫
지인이화인의자 필자지언부

〈고자(告子) 상 1〉

告子曰 食色 性也 仁 內也 非外也 義 外也 非內也
고자왈 식색 성야 인 내야 비외야 의 외야 비내야

〈고자(告子) 상 4〉

孟子曰 何以謂仁內義外也 曰 彼長而我長之 非有長於我也 猶彼白而我白之 從其白於外也 故謂
맹자왈 하이위인내의외야 왈 피장이아장지 비유장어아야 유피백이아백지 종기백어외야 고위
之外也 曰 異於白馬之白也 無以異於白人之白也 不識長馬之長也 無以異於長人之長與 且謂長
지외야 왈 이어백마지백야 무이이어백인지백야 불식장마지장야 무이이어장인지장여 차위장
者義乎 長之者義乎 曰 吾弟則愛之 秦人之弟則不愛也 是以我爲悅者也 故謂之內 長楚人之長 亦
자의호 장지자의호 왈 오제즉애지 진인지제즉불애야 시이아위열자야 고위지내 장초인지장 역
長吾之長 是以長爲悅者也 故謂之外也 曰 耆秦人之炙 無以異於耆吾炙 夫物則亦有然者也 然則
장오지장 시이장위열자야 고위지외야 왈 기진인지자 무이이어기오자 부물즉역유연자야 연즉
耆炙亦有外與
기자역유외여

〈고자(告子) 상 4〉

告子曰 生之謂性 孟子曰 生之謂性也 猶白之謂白與 曰 然 白羽之白也 猶白雪之白 白雪之白 猶白
고자왈 생지위성 맹자왈 생지위성야 유백지위백여 왈 연 백우지백야 유백설지백 백설지백 유백

玉之白與 曰 然 然則犬之性 猶牛之性 牛之性 猶人之性與
옥지백여 왈 연 연즉견지성 유우지성 우지성 유인지성여

〈고자(告子) 상 3〉

孟子曰 人之所以異於禽獸者幾希 庶民去之 君子存之 舜明於庶物 察於人倫 由仁義行 非行仁義也
맹자왈 인지소이이어금수자기희 서민거지 군자존지 순명어서물 찰어인륜 유인의행 비행인의야

〈이루(離婁) 하 19〉

3. 누구나 요순이 될 수 있다

故凡同類者 擧相似也 何獨至於人而疑之 聖人 與我同類者 故龍子曰 不知足而爲屨 我知其不爲
고범동류자 거상사야 하독지어인이의지 성인 여아동류자 고용자왈 부지족이위구 아지기불위

簣也 屨之相似 天下之足同也 口之於味 有同耆也 易牙先得我口之所耆者也 如使口之於味也 其
궤야 구지상사 천하지족동야 구지어미 유동기야 역아선득아구지소기자야 여사구지어미야 기

性與人殊 若犬馬之與我不同類也 則天下何耆皆從易牙之於味也 至於味 天下期於易牙 是天下之
성여인수 약견마지여아부동류야 즉천하하기개종역아지어미야 지어미 천하기어역아 시천하지

口相似也 惟耳亦然 至於聲 天下期於師曠 是天下之耳相似也 惟目亦然 至於子都 天下莫不知其
구상사야 유이역연 지어성 천하기어사광 시천하지이상사야 유목역연 지어자도 천하막부지기

姣也 不知子都之姣者 無目者也 故曰 口之於味也 有同耆焉 耳之於聲也 有同聽焉 目之於色也 有
교야 부지자도지교자 무목자야 고왈 구지어미야 유동기언 이지어성야 유동청언 목지어색야 유

同美焉 至於心 獨無所同然乎 心之所同然者何也 謂理也 義也 聖人先得我心之所同然耳 故理義
동미언 지어심 독무소동연호 심지소동연자하야 위리야 의야 성인선득아심지소동연이 고리의

之悅我心 猶芻豢之悅我口
지열아심 유추환지열아구

〈고자(告子) 상 7〉

孟子曰 欲貴者 人之同心也 人人有貴於己者 弗思耳 人之所貴者 非良貴也 趙孟之所貴 趙孟能賤
맹자왈 욕귀자 인지동심야 인인유귀어기자 불사이 인지소귀자 비양귀야 조맹지소귀 조맹능천

之 詩云 旣醉以酒 旣飽以德 言飽乎仁義也 所以不願人之膏粱之味也 令聞廣譽施於身 所以不願
지 시운 기취이주 기포이덕 언포호인의야 소이불원인지고량지미야 영문광예시어신 소이불원

人之文繡也
인지문수야

〈고자(告子) 상 17〉

儲子曰 王使人瞷夫子 果有以異於人乎 孟子曰 何以異於人哉 堯舜與人同耳
저자왈 왕사인간부자 과유이이어인호 맹자왈 하이이어인재 요순여인동이

〈이루(離婁) 하 32〉

世子自楚反 復見孟子 孟子曰 世子疑吾言乎 夫道一而已矣 成覸謂齊景公曰 彼丈夫也 我丈夫也
세자자초반 부견맹자 맹자왈 세자의오언호 부도일이이의 성간위제경공왈 피장부야 아장부야

吾何畏彼哉 顏淵曰 舜何人也 子何人也 有爲者亦若是
오하외피재 안연왈 순하인야 여하인야 유위자역야시

〈등문공(滕文公) 상 1〉

孟子曰 規矩 方員之至也 聖人 人倫之至也
맹자왈 규구 방원지지야 성인 인륜지지야

〈이루(離婁) 상 2〉

當堯之時 天下猶未平 洪水橫流 氾濫於天下 草木暢茂 禽獸繁殖 五穀不登 禽獸偪人 獸蹄鳥跡之
당요지시 천하유미평 홍수횡류 범람어천하 초목창무 금수번식 오곡불등 금수핍인 수제조적지

道交於中國 堯獨憂之 擧舜而敷治焉 舜使益掌火 益烈山澤而焚之 禽獸逃匿 禹疏九河 瀹濟漯而
도교어중국 요독우지 거순이부치언 순사익장화 익열산택이분지 금수도닉 우소구하 약제탑이

注諸海 決汝漢 排淮泗而注之江 然後中國可得而食也 當是時也 禹八年於外 三過其門而不入 雖
주제해 결여한 배회사이주지강 연후중국가득이식야 당시시야 우팔년어외 삼과기문이불입 수

欲耕 得乎 后稷敎民稼穡 樹藝五穀 五穀熟而民人育 人之有道也 飽食 煖衣 逸居而無敎 則近於禽
욕경 득호 후직교민가색 수예오곡 오곡숙이민인육 인지유도야 포식 난의 일거이무교 즉근어금

獸 聖人有憂之 使契爲司徒 敎以人倫 父子有親 君臣有義 夫婦有別 長幼有序 朋友有信 放勳曰 勞
수 성인유우지 사계위사도 교이인륜 부자유친 군신유의 부부유별 장유유서 붕우유신 방훈왈 노

之來之 匡之直之 輔之翼之 使自得之 又從而振德之
지래지 광지직지 보지익지 사자득지 우종이진덕지

〈등문공(滕文公) 상 4〉

欲爲君盡君道 欲爲臣盡臣道 二者皆法堯舜而已矣 不以舜之所以事堯事君 不敬其君者也 不以堯
욕위군진군도 욕위신진신도 이자개법요순이이의 불이순지소이사요사군 불경기군자야 불이요

之所以治民治民 賊其民者也
지소이치민치민 적기민자야

〈이루(離婁) 상 2〉

孟子曰 欲貴者 人之同心也 人人有貴於己者 弗思耳
맹자왈 욕귀자 인지동심야 인인유귀어기자 불사이

〈고자(告子) 상 17〉

孟子曰 子路 人告之以有過則喜 大舜有大焉 善與人同 舍己從人 樂取於人以爲善 自耕稼 陶 漁以
맹자왈 자로 인고지이유과즉희 대순유대언 선여인동 사기종인 락취어인이위선 자경가 도 어이

至爲帝 無非取於人者
지위제 무비취어인자

〈공손추(公孫丑) 상 8〉

孟子曰 禹惡旨酒而好善言 湯執中 立賢無方 文王視民如傷 望道而未之見 武王不泄邇不忘遠 周公
맹자왈 우오지주이호선언 탕집중 입현무방 문왕시민여상 망도이미지견 무왕불설이부망원 주공

思兼三王 以施四事 其有不合者 仰而思之 夜以繼日 幸而得之 坐以待旦
사겸삼왕 이시사사 기유불합자 앙이사지 야이계일 행이득지 좌이대조

〈이루(離婁) 하 20〉

4. 이상적인 인격을 찾아서-대인과 소인

孟子曰 人之於身也 兼所愛 兼所愛 則兼所養也 無尺寸之膚 不愛焉 則無尺寸之膚不養也 所以考
맹자왈 인지어신야 겸소애 겸소애 즉겸소양야 무척촌지부 부애언 즉무척촌지부불양야 소이고

其善不善者 豈有他哉 於己取之而已矣 體有貴賤 有大小 無以小害大 無以賤害貴 養其小者 爲小人
기선불선자 기유타재 어기취지이이의 체유귀천 유대소 무이소해대 무이천해귀 양기소자 위소인

養其大者爲大人 今有場師 舍其梧檟 養其樲棘 則爲賤場師焉 養其一指而失其肩背 而不知也 則爲
양기대자위대인 금유장사 사기오가 양기이극 즉위천장사언 양기일지이실기견배 이부지야 즉위

狼疾人也
랑질인야

〈고자(告子) 상 14〉

曹交問曰 人皆可以爲堯舜 有諸 孟子曰 然 交聞文王十尺 湯九尺 今交九尺四寸以長 食粟而已 如
조교문왈 인개가이위요순 유제 맹자왈 연 교문문왕십척 탕구척 금교구척사촌이이장 식속이이 여

何則可 曰 奚有於是 亦爲之而已矣 有人於此 力不能勝一匹雛 則爲無力人矣 今曰擧百鈞 則爲有
하즉가 왈 해유어시 역위지이이의 유인어차 역불능승일필추 즉위무력인의 금왈거백균 즉위유

力人矣 然則擧烏獲之任 是亦爲烏獲而已矣 夫人豈以不勝爲患哉 弗爲耳 徐行後長者謂之弟 疾行
력인의 연즉거오획지임 시역위오획이이의 부인개이불승위환재 불위이 서행후장자위지제 질행

先長者謂之不弟 夫徐行者 豈人所不能哉 所不爲也 堯舜之道 弟孝而已矣 子服堯之服 誦堯之言
선장자위지불제 부서행자 기인소불능재 소불위야 요순지도 제효이이의 자복요지복 송요지언

行堯之行 是堯而已矣 子服桀之服 誦桀之言 行桀之行 是桀而已矣
행요지행 시요이이의 자복걸지복 송걸지언 행걸지행 시걸이이의

〈고자(告子) 하 2〉

公都子問曰 鈞是人也 或爲大人 或爲小人 何也 孟子曰 從其大體爲大人 從其小體爲小人 曰 鈞是
공도자문왈 균시인야 혹위대인 혹위소인 하야 맹자왈 종기대체위대인 종기소체위소인 왈 균시

人也 或從其大體 或從其小體 何也 曰 耳目之官不思 而蔽於物 物交物 則引之而已矣 心之官則思
인야 혹종기대체 혹종기소체 하야 왈 이목지관불사 이폐어물 물교물 즉인지이이의 심지관즉사

思則得之 不思則不得也 此天之所與我者 先立乎其大者 則其小者不能奪也 此爲大人而已矣
사즉득지 불사즉부득야 차천지소여아자 선립호기대자 즉기소자불능탈야 차위대인이이의

〈고자(告子) 상 15〉

孟子曰 大人者 不失其赤子之心者也
맹자왈 대인자 부실기적자지심자야

〈이루(離婁) 하 12〉

王子墊 問曰 士何事 孟子曰 尙志 曰 何謂尙志 曰 仁義而已矣 殺一無罪非仁也 非其有而取之非
왕지점 문왈 사하사 맹자왈 상지 왈 하위상지 왈 인의이이의 살일무죄비인야 비기유이취지비

義也 居惡在 仁是也 路惡在 義是也 居仁由義 大人之事備矣
의야 거오재 인시야 노오재 의시야 거인유의 대인지사비의

〈진심(盡心) 상 33〉

孟子曰 大人者 言不必信 行不必果 惟義所在
맹자왈 대인자 언불필신 행불필과 유의소재

〈이루(離婁) 하 11〉

孟子曰 非禮之禮 非義之義 大人弗爲
맹자왈 비례지례 비의지의 대인불위

〈이루(離婁) 하 6〉

孟子曰 人不足與適也 政不足間也 惟大人爲能格君心之非 君仁莫不仁 君義莫不義 君正莫不正 一
맹자왈 인부족여적야 정부족간야 유대인위능격군심지비 군인막불인 군의막불의 군정막불정 일
正君而國定矣
정군이국정의

〈이루(離婁) 상 20〉

孟子曰 有事君人者 事是君則爲容悅者也 有安社稷臣者 以安社稷爲悅者也 有天民者 達可行於天
맹자왈 유사군인자 사시군즉위용열자야 유안사직신자 이안사직위열자야 유천민자 달가행어천
下而後行之者也 有大人者 正己而物正者也
하이후행지자야 유대인자 정기이물정자야

〈진심(盡心) 상 19〉

居天下之廣居 立天下之正位 行天下之大道 得志與民由之 不得志獨行其道 富貴不能淫 貧賤不能
거천하지광거 입천하지정위 행천하지대도 득지여민유지 부득지독행기도 부귀불능음 빈천불능
移 威武不能屈 此之謂大丈夫
이 위무불능굴 차지위대장부

〈등문공(滕文公) 하 2〉

孟子曰 愛人不親反其仁 治人不治反其智 禮人不答反其敬 行有不得者 皆反求諸己 其身正而天
맹자왈 애인불친반기인 치인불치반기지 예인부답반기경 행유부득자 개반구저기 기신정이천
下歸之
하귀지

〈이루(離婁) 상 4〉

3부 우주가 내 안에 있다-천인합일과 수양론

1. 하늘과 사람은 하나다

萬章曰 堯以天下與舜 有諸 孟子曰 否 天子不能以天下與人 然則舜有天下也 孰與之 曰 天與之 天
만장왈 요이천하여순 유제 맹자왈 부 천자불능이천하여인 연즉순유천하야 숙여지 왈 천여지 천

與之者 諄諄然命之乎 曰 否 天不言 以行與事示之而已矣
여지자 순순연명지호 왈 부 천불언 이행여사시지이이의

〈만장(萬章) 상 5〉

樂正子見孟子 曰 克告於君 君爲來見也 嬖人有臧倉者沮君 君是以不果來也 曰 行 或使之 止 或
악정자견맹자 왈 극고어군 군위래견야 폐인유장창자저군 군시이불과래야 왈 행 혹사지 지 혹
尼之 行止 非人所能也 吾之不遇魯侯 天也 臧氏之子焉能使予不遇哉
니지 행지 비인소능야 오지불우노후 천야 장씨지자언능사여불우재

〈양혜왕(梁惠王) 하 16〉

詩云 商之孫子 其麗不億 上帝旣命 侯于周服 侯服于周 天命靡常
시운 상지손자 기려불억 상제기명 후우주복 후복우주 천명미상

〈이루(離婁) 상 7〉

莫之爲而爲者 天也 莫之致而至者 命也
막지위이위자 천야 막지치이지자 명야

〈만장(萬章) 상 6〉

孟子曰 莫非命也 順受其正 是故 知命者 不立乎巖牆之下 盡其道而死者 正命也 桎梏死者 非正命也
맹자왈 막비명야 순수기정 시고 지명자 불립호암장지하 진기도이사자 정명야 질곡사자 비정명야

〈진심(盡心) 상 2〉

存其心 養其性 所以事天也 殀壽不貳 修身以俟之 所以立命也
존기심 양기성 소이사천야 요수불이 수신이사지 소이립명야

〈진심(盡心) 상 1〉

孔子曰 操則存 舍則亡 出入無時 莫知其鄉 惟心之謂與
공자왈 조즉존 사즉망 출입무시 막지기향 유심지위여

〈고자(告子) 상 8〉

耳目之官不思 而蔽於物 物交物 則引之而已矣 心之官則思 思則得之 不思則不得也 此天之所與我者
이목지관불사 이폐어물 물교물 즉인지이이의 심지관즉사 사즉득지 불사즉불득야 차천지소여아자

〈고자(告子) 상 15〉

孟子曰 盡其心者 知其性也 知其性 則知天矣 存其心 養其性 所以事天也
맹자왈 진기심자 지기성야 지기성 즉지천의 존기심 양기성 소이사천야

〈진심(盡心) 상 1〉

孟子曰 萬物皆備於我矣 反身而誠 樂莫大焉 强恕而行 求仁莫近焉
맹자왈 만물개비어아의 반신이성 락막대언 강서이행 구인막근언

〈진심(盡心) 상 4〉

是故誠者 天之道也 思誠者 人之道也 至誠而不動者 未之有也 不誠 未有能動者也
시고성자 천지도야 사성자 인지도야 지성이부동자 미지유야 불성 미유능동자야

〈이루(離婁) 상 12〉

夫君子所過者化 所存者神 上下與天地同流 豈曰小補之哉
부군자소과자화 소존자신 상하여천지동류 기왈소보지재

〈진심(盡心) 상 13〉

浩生不害問曰 樂正子何人也 孟子曰 善人也 信人也 何謂善 何謂信 曰 可欲之謂善 有諸己之謂信
호생불해문왈 악정자하인야 맹자왈 선인야 신인야 하위선 하위신 왈 가욕지위선 유제기지위신
充實之謂美 充實而有光輝之謂大 大而化之之謂聖 聖而不可知之之謂神 樂正子 二之中 四之下也
충실지위미 충실이유광휘지위대 대이화지지지위성 성이불가지지지지위신 악정자 이지중 사지하야

〈진심(盡心) 하 25〉

孟子曰 求則得之 舍則失之 是求有益於得也 求在我者也 求之有道 得之有命 是求無益於得也 求
맹자왈 구즉득지 사즉실지 시구유익어득야 구재아자야 구지유도 득지유명 시구무익어득야 구
在外者也
재 외자야

〈진심(盡心) 상 3〉

孟子曰 口之於味也 目之於色也 耳之於聲也 鼻之於臭也 四肢於安佚也 性也 有命焉 君子不謂性
맹자왈 구지어미야 목지어색야 이지어성야 비지어취야 사지어안일야 성야 유명언 군자불위성
也 仁之於父子也 義之於君臣也 禮之於賓主也 智之於賢者也 聖人之於天道也 命也 有性焉 君子
야 인지어부자야 의지어군신야 예지어빈주야 지지어현자야 성인지어천도야 명야 유성언 군자
不謂命也
불 위명야

〈진심(盡心) 하 24〉

孟子曰 不仁者可與言哉 安其危而利其災 樂其所以亡者 不仁而可與言 則何亡國敗家之有 有孺子
맹자왈 불인자가여언재 안기위이리기재 락기소이망자 불인이가여언 즉하망국패가지유 유유자
歌曰 滄浪之水淸兮 可以濯我纓 滄浪之水濁兮 可以濯我足 孔子曰 小子聽之 淸斯濯纓 濁斯濯足
가왈 창랑지수청혜 가이탁아영 창낭지수탁혜 가이탁아족 공자왈 소자청지 청사탁영 탁사탁족
矣 自取之也 夫人必自侮 然後人侮之 家必自毁 而後人毁之 國必自伐 而後人伐之 太甲日 天作孽
의 자취지야 부인필자모 연후인모지 가필자훼 이후인훼지 국필자벌 이후인벌지 태갑왈 천작얼
猶可違 自作孽 不可活 此之謂也
유가위 자작얼 불가활 차지위야

〈이루(離婁) 상 8〉

孟子曰 君子深造之以道 欲其自得之也 自得之 則居之安 居之安 則資之深 資之深 則取之左右逢
맹자왈 군자심조지이도 욕기자득지야 자득지 즉거지안 거지안즉자지심 자지심 즉취지좌우봉
其原 故君子欲其自得之也
기원 고군자욕기자득지야

〈이루(離婁) 하 14〉

孟子曰 人有恒言 皆曰 天下國家 天下之本在國 國之本在家 家之本在身
맹자왈 인유항언 개왈 천하국가 천하지본재국 국지본재가 가지본재신

〈이루(離婁) 상 5〉

2. 자신을 닦는 방법

孟子曰 堯舜 性之也 湯武 身之也
맹자왈 요순 성지야 탕무 신지야

〈진심(盡心) 상 30〉

孟子曰 堯舜 性者也 湯武 反之也
맹자왈 요순 성자야 탕무 반지야

〈진심(盡心) 하 33〉

古之人 得志 澤加於民 不得志 修身見於世 窮則獨善其身 達則兼善天下
고지인 득지 택가어민 부득지 수신현어세 궁즉독선기신 달즉겸선천하

〈진심(盡心) 상 9〉

孟子曰 自暴者 不可與有言也 自棄者 不可與有爲也 言非禮義 謂之自暴也 吾身不能居仁由義 謂
맹자왈 자포자 불가여유언야 자기자 불가여유위야 언비예의 위지자포야 오신불능거인유의 위
之自棄也
지자기야

〈이루(離婁) 상 10〉

孟子曰 仁之勝不仁也 猶水勝火 今之爲仁者 猶以一杯水 救一車薪之火也 不熄 則謂之水 不勝火
맹자왈 인지승불인야 유수승화 금지위인자 유이일배수 구일거신지화야 불식 즉위지수 불승화
此又與於不仁之甚者也 亦終必亡而已矣
차우여어불인지심자야 역종필망이이의

〈고자(告子) 상 18〉

孟子曰 五穀者 種之美者也 苟爲不熟 不如荑稗 夫仁 亦在乎熟之而已矣
맹자왈 오곡자 종지미자야 구위불숙 불여제패 부인 역재호숙지이이의

〈고자(告子) 상 19〉

孟子曰 仁 人心也 義 人路也 舍其路而弗由 放其心而不知求 哀哉 人有鷄犬放 則知求之 有放心
맹자왈 인 인심야 의 인로야 사기로이불유 방기심이불지구 애재 인유계견방 즉지구지 유방심
而不知求 學問之道無他 求其放心而已矣
이불지구 학문지도무타 구기방심이이의

〈고자(告子) 상 11〉

孟子曰 養心莫善於寡欲 其爲人也寡欲 雖有不存焉者 寡矣 其爲人也多欲 雖有存焉者 寡矣
맹자왈 양심막선어과욕 기위인야과욕 수유부존언자 과의 기위인야다욕 수유존언자 과의

〈진심(盡心) 하 35〉

公孫丑問曰 夫子加齊之卿相 得行道焉 雖由此霸王 不異矣 如此 則動心否乎 孟子曰 否 我四十不
공손추문왈 부자가제지경상 득행도언 수유차패왕 불이의 여차 즉동심부호 맹자왈 부 아사십부
動心 曰 若是則夫子過孟賁遠矣 曰 是不難 告子先我不動心 曰 不動心有道乎曰 有 北宮黝之養勇
동심 왈 약시즉부자과맹분원의 왈 시불난 고자선아부동심 왈 부동심유도호왈 유 북궁유지양용

원문 찾아보기 · 237

也 不膚撓 不目逃 思以一毫挫於人 若撻之於市朝 不受於褐寬博 亦不受於萬乘之君 視刺萬乘之
야 불부요 불목도 사이일호좌어인 약달지어시조 불수어갈관박 역불수어만승지군 시자만승지

君 若刺褐夫 無嚴諸侯 惡聲至 必反之 孟施舍之所養勇也 曰 視不勝猶勝也 量敵而後進 慮勝而後
군 약자갈부 무엄제후 악성지 필반지 맹시사지소양용야 왈 시불승유승야 양적이후진 려승이후

會 是畏三軍者也 舍豈能爲必勝哉 能無懼而已矣 孟施舍似曾子 北宮黝似子夏 夫二子之勇 未知
회 시외삼군자야 사기능위필승재 능무구이이의 맹시사사증자 북궁유사자하 부이자지용 미지

其孰賢 然而孟施舍守約也 昔者曾子謂子襄曰 子好勇乎 吾嘗聞大勇於夫子矣 自反而不縮 雖褐寬
기숙현 연이맹시사수약야 석자증자위자양왈 자호용호 오상문대용어부자의 자반이불축 수갈관

博 吾不惴焉 自反而縮 雖千萬人 吾往矣 孟施舍之守氣 又不如曾子之守約也
박 오불췌언 자반이축 수천만인 오왕의 맹시사지수기 우불여증자지수약야

〈공손추(公孫丑) 상 2〉

人能充無欲害人之心 而仁不可勝用也 人能充無穿踰之心 而義不可勝用也 人能充無受爾汝之實
인능충무욕해인지심 이인불가승용야 인능충무천유지심 이의불가승용야 인능충무수이여지실

無所往而不爲義也
무소왕이불위의야

〈진심(盡心) 하 31〉

凡有四端於我者 知皆擴而充之矣 若火之始然 泉之始達 苟能充之 足以保四海 苟不充之 不足以事
범유사단어아자 지개확이충지의 약화지시연 천지시달 구능충지 족이보사해 구불충지 부족이사

父母
부모

〈공손추(公孫丑) 상 6〉

夫志氣之帥也 氣 體之充也
부지기지수야 기 체지충야

〈공손추(公孫丑) 상 2〉

其爲氣也 至大至剛 以直養而無害 則塞於天地之間
기위기야 지대지강 이직양이무해 즉색어천지지간

〈공손추(公孫丑) 상 2〉

夫志 氣之帥也 氣 體之充也 夫志至焉 氣次焉 故曰 持其志 無暴其氣 旣曰 志至焉 氣次焉 又曰 持
부지 기지수야 기 체지충야 부지지언 기차언 고왈 지기지 무포기기 기왈 지지언 기차언 우왈 지

其志 無暴其氣 何也 曰 志壹 則動氣 氣壹 則動志也 今夫蹶者趨者 是氣也 而反動其心
기지 무포기기 하야 왈 지일 즉동기 기일 즉동지야 금부궐자추자 시기야 이반동기심

〈공손추(公孫丑) 상 2〉

其爲氣也 配義與道 無是 餒也 是集義所生者 非義襲而取之也
기위기야 배의여도 무시 뇌야 시집의소생자 비의습이취지야

〈공손추(公孫丑) 상 2〉

敢問夫子惡乎長 曰 我知言 我善養吾浩然之氣 敢問何謂浩然之氣 曰 難言也 其爲氣也至大至剛
감문부자오호장 왈 아지언 아선양오호연지기 감문하위호연지기 왈 난언야 기위기야지대지강

以直養而無害 則塞於天地之間 其爲氣也 配義與道 無是 餒也 是集義所生者 非義襲而取之也 行
이직양이무해 즉색어천지지간 기위기야 배의여도 무시 뇌야 시집의소생자 비의습이취지야 행
有不慊於心 則餒矣 我故曰 告子未嘗知義 以其外之也 必有事焉 而勿正 心勿忘 勿助長也 無若宋
유불겸어심 즉뇌의 아고왈 고자미상지의 이기외지야 필유사언 이물정 심물망 물조장야 무약송
人然 宋人有閔其苗之不長而揠之者 芒芒然歸 謂其人曰 今日病矣 予助苗長矣 其子趨而往視之 苗
인연 송인유민기묘지불장이알지자 망망연귀 위기인왈 금일병의 여조묘장의 기자추이왕시지 묘
則槁矣 天下之不助苗長者寡矣 以爲無益而舍之者 不耘苗者也 助之長者 揠苗者也 非徒無益 而
즉고의 천하지불조묘장자과의 이위무익이사지자 불운묘자야 조지장자 알묘자야 비도무익 이
又害之
우해지

〈공손추(公孫丑) 상 2〉

雖存乎人者 豈無仁義之心哉 其所以放其良心者 亦猶斧斤之於木也 旦旦而伐之 可以爲美乎 其日
수존호인자 개무인의지심재 기소이방기양심자 역유부근지어목야 단단이벌지 가이위미호 기일
夜之所息 平旦之氣 其好惡與人相近也者幾希 則其旦晝之所爲 有梏亡之矣 梏之反覆 則其夜氣不
야지소식 평단지기 기호오여인상근야자기희 즉기단주지소위 유곡망지의 곡지반복 즉기야기부
足以存 夜氣不足以存 則其違禽獸不遠矣
족이존 야기부족이존 즉기위금수불원의

〈고자(告子) 상 8〉

맹자 그 삶과 사상

2. 공자의 계승자

彼一時 此一時也 五百年必有王者興 其間必有名世者 由周而來 七百有餘世矣 以其數 則過矣 以
피일시 차일시야 오백년필유왕자흥 기간필유명세자 유주이래 칠백유여세의 이기수 즉과의 이
其時考之 則可矣 夫天未欲平治天下也 如欲平治天下 當今之世 舍我其誰也
기시고지 즉가의 부천미욕평치천하야 여욕평치천하 당금지세 사아기수야

〈공손추(公孫丑) 하 13〉

天之生此民也 使先知覺後知 使先覺覺後覺也 予 天民之先覺者也 予將以斯道覺斯民也 非予覺之
천지생차민야 사선지각후지 사선각각후각야 여 천민지선각자야 여장이사도각사민야 비여각지
而誰也
이수야

〈만장(萬章) 상 7〉

乃所願 則學孔子也
내소원 즉학공자야

〈공손추(公孫丑) 상 2〉

3. 맹자의 경쟁자들

堯舜旣沒 聖人之道衰 暴君代作 壞宮室以爲污池 民無所安息 棄田以爲園囿 使民不得衣食 邪說
요순기몰 성인지도쇠 폭군대작 양궁실이위오지 민무소안식 기전이위원유 사민부득의식 사설
暴行又作 園囿 汚池 沛澤 多而禽獸至 及紂之身 天下又大亂
폭행우작 원유 오지 패택 다이금수지 급주지신 천하우대난

〈등문공(滕文公) 하 9〉

聖王不作 諸侯放恣 處士橫議 楊朱 墨翟之言盈天下 天下之言 不歸楊則歸墨 楊氏爲我 是無君也
성왕부작 제후방자 처사횡의 양주 묵적지언영천하 천하지언 불귀양즉귀묵 양씨위아 시무군야
墨氏兼愛 是無父也 無父無君 是禽獸也
묵씨겸애 시무부야 무부무군 시금수야

〈등문공(滕文公) 하 9〉

孟子曰 楊子取爲我 拔一毛利而天下 不爲也 墨子兼愛 摩頂放踵 利天下 爲之
맹자왈 양자취위아 발일모리이천하 불위야 묵자겸애 마정방종 리천하 위지

〈진심(盡心) 상 26〉

然則治天下獨可耕且爲與 有大人之事 有小人之事 且一人之身 而百工之所爲備 如必自爲而後用
연즉치천하독가경차위여 유대인지사 유소인지사 차일인지신 이백공지소위비 여필자위이후용
之 是率天下而路也 故曰 或勞心 或勞力 勞心者治人 勞力者治於人 治於人者食人 治人者食於人
지 시솔천하이노야 고왈 혹노심 혹노력 노심자치인 노력자치어인 치어인자사인 치인자사어인
天下之通義也
천하지통의야

〈등문공(滕文公) 상 4〉